Ulmer Taschenbuch 34

Ulrike Lindner

Der Hausgarten biologisch

2., verbesserte Auflage
45 Farbfotos
24 Zeichnungen

VERLAG
EUGEN
ULMER

Zeichnungen von Marlene Gemke, Neuried

Die Deutsche Bibliothek – CIP-Einheitsaufnahme

Lindner, Ulrike:
Der Hausgarten biologisch/Ulrike Lindner. –
[Zeichn. von Marlene Gemke].
2., verb. Aufl. – Stuttgart : Ulmer 1991.
  (Ulmer-Taschenbuch; 34)
  ISBN 3-8001-6248-2

NE: GT

Printed in Germany
Lektorat: Agnes Pahler
Satz: Typobauer Filmsatz GmbH, Ostfildern-Scharnhausen
Druck und Bindung: Aprinta, Wemding

Vorwort

In allen Lebensbereichen wird man heute mit der Vorsilbe »Bio« konfrontiert. »Bio« ist der Schlager. Aber ist »Bio« deswegen nur eine Modeerscheinung von heute? Der biologische Anbau ist es sicherlich nicht. Er ist die Antwort verantwortungsbewußter Menschen auf die zunehmende Industrialisierung. Man will nicht mehr stur nach bestimmten Leistungsprinzipien arbeiten, sondern sich wieder zur Natur hinwenden. Allerdings stellt jede Form der Landbewirtschaftung einen Eingriff in die Natur dar. In einem »Naturgarten« müßte man also alles so wachsen lassen, wie die Natur es will. Dies entspricht nicht dem Sinn eines Gartens. Man möchte sein Stück Land bearbeiten und auch davon ernten, aber alles auf natürliche Weise. So stellt der biologische Anbau einen sinnvollen Kompromiß dar, nämlich zwischen reiner Natur und dem sogenannten konventionellen Anbau mit chemischen Pflanzenschutzmitteln und Mineraldüngern. Beim biologischen Anbau will man wieder mit der Natur zusammenarbeiten, nicht gegen sie.

Verwirrung über den biologischen Anbau haben verschiedene Medienberichte gestiftet, es sei alles nur Schwindel und Geldmacherei, und die Bioprodukte seien auch nicht besser als andere. Nun, auch wenn die Bioware wirklich nicht besser wäre, so kann dieser Anbau aufgrund der umweltschonenden Produktion dennoch empfohlen werden.

Eine Hemmschwelle zum Einstieg in den Bioanbau sind für viele gewisse (geisteswissenschaftliche) Ideologien, die mit einer bestimmten Richtung des alternativen Anbaues in Verbindung gebracht werden. Der eine schwört auf seine Methode, ein weiterer hat die besten Erfolge mit wieder einer ganz anderen Art und Weise. Man sollte sich nicht verwirren lassen, denn fast jede Methode hat Vor- und Nachteile. Gerade beim Bioanbau ist es wichtig, nach den Vorgaben seines eigenen Stück Landes zu wirtschaften und nicht nach bestimmten strengen Richtlinien oder Ideologien. Deswegen werden im nachfolgenden Text die verschiedenen Möglichkeiten des praktischen Anbaues mit Vor- und Nachteilen beschrieben, jeweils mit einer kurzen wissenschaftlichen Begründung. So findet hoffentlich jeder den Einstieg ins »Biogärtnern«.

Der biologische Anbau stellt aber höhere Ansprüche an den Gärtner. Grüne Ideologie und guter Wille allein führen selten zum gewünschten Erfolg. Das Arbeiten mit und in der Natur erfordert gärtnerische Grundkenntnisse. Zudem ist ein eigenes Umdenken und eine andere Einstellung mit neuen Gartenzielen notwendig. Vom Umweltbewußtsein gelenkt, sollte man seinen Garten als ein von der Natur gepachtetes Stück Land betrachten, welches sorgsam behandelt werden muß.

Ulrike Lindner
Auweiler, Sommer 1987 und 1991

Inhalt

Gründe für den Bioanbau

Was ist »Biogärtnern«?

Die Worte »biologisch«, »alternativ«, »naturnah« oder ähnliche stehen als Sammelbegriff für die verschiedensten Anbaurichtungen. Insgesamt unterscheidet man etwa 20 Anbauformen, die sich vom herkömmlichen, dem sogenannten konventionellen Anbau mit chemischen Pflanzenschutzmitteln und Mineraldüngern abgrenzen. Man kann sie generell in zwei Gruppen unterteilen, und zwar in Methoden, bei denen die geisteswissenschaftliche Haltung im Vordergrund steht, und in Methoden, deren Hauptziel die Erhaltung der Bodenfruchtbarkeit ist.

Einige Anbauformen mit geisteswissenschaftlicher Grundlage sind:
- die biologisch-dynamische Wirtschaftsweise nach dem Anthroposophen Rudolf Steiner
- Mazdaznan-Gartenbau in Anlehnung an die altpersische Religion
- Methoden der Makrobioten nach den Gesetzen des Zen-Buddhismus

Einige Methoden ohne geisteswissenschaftlichen Hintergrund sind:
- der organisch-biologische Landbau nach Müller und Rusch, Schweiz
- ANOG = naturnaher Qualitätsanbau von Obst und Gemüse nach Fürst, Deutschland
- System Lemaire/Boucher, Frankreich
- System Howard-Balfour, Großbritannien

Die bekannteste und bei uns in Deutschland am weitesten verbreitetste Anbauform ist der **biologisch-dynamische Landbau**. Hier werden für einen »Nicht-Eingeweihten« zum Teil unverständliche Arbeiten durchgeführt, die auf den grundlegenden Vorträgen Rudolf Steiners von 1924/25 basieren. Häufig wird »alternativ« gleichgesetzt mit »biologisch-dynamisch« und der gesamte alternative Anbau aufgrund dieser nicht jedermann verständlichen Wirtschaftsweise abgelehnt. Der biologisch-dynamische Anbau ist aber nur eine von vielen alternativen Anbauformen, allerdings auch die strengste. Es ist zwar möglich, dieses Verfahren anzuwenden, ohne das Gedankengut der Anthroposophie erarbeitet zu haben, doch für ein tieferes Verständnis dieser Landbaumethode ist eine Auseinandersetzung damit unerläßlich. Die zweite Methode, die in Deutschland zunehmend Bedeutung erlangt, ist der **organisch-biologische Anbau** (Bioland). Eine noch junge Richtung (1982 gegründet), mit ebenfalls zunehmender Tendenz, ist Naturland. Im Groben verfolgen alle alternativen Anbaurichtungen die gleichen Linien. Im Vordergrund steht immer die Erhaltung der natürlichen Bodenfruchtbarkeit.

Im Hausgarten wird man meist nicht streng nach einer bestimmten Richtung des alternativen Landbaues arbeiten. Wichtig ist, sich mit den grundlegenden gärtnerischen und biologischen Gegebenheiten vertraut zu machen und dann für seinen eigenen Garten bald einen eigenen Weg der natürlichen Bewirtschaftung zu finden.

Warum »Biogärtnern«?

Ursprünglich ist »Garten« ein mit »Gerten eingefriedetes Gelände zum

So könnte ein Biogarten aussehen.

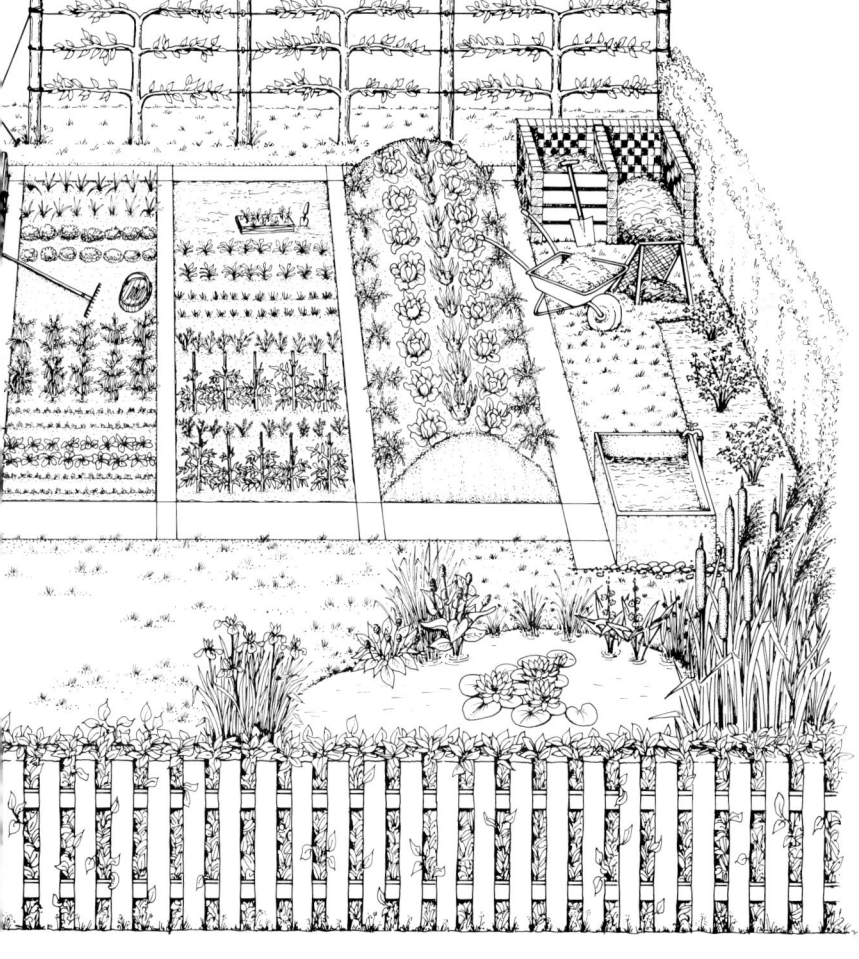

Die Ansiedlung
von Nützlingen ist
für den Biogarten
besonders wichtig.

Die Florfliege
(hier im Bild)
ernährt sich vor allem
von Pollen,
ihre Larven vertilgen
Blattläuse.

Anbau von Pflanzen für den Eigenbedarf«. Er bildet also ein aus der umgebenden Natur herausgeschnittenes Stück Land, in dem der Mensch das Wachstum mit Hilfe der von Natur aus vorgegebenen Möglichkeiten in seinem Sinne steuert. Das bedeutet, daß er eine Steigerung der Vegetation gegenüber dem Wachstum in der Natur anstrebt. Das bleibt auch beim biologischen Gärtnern so. Der Unterschied zum konventionellen Anbau besteht darin, daß zur Wachstumsförderung keine chemischen Substanzen eingesetzt werden. Wie im Vergleich zwischen synthetischer und rein pflanzlicher Medizin, wird das Pflanzenwachstum durch den Einsatz chemischer Produkte schneller und deutlicher beeinflußt. Um so schneller können sich bei nicht sachgemäßer chemischer Anwendung Nachteile für das Pflanzenwachstum und den Naturhaushalt ergeben.

Bioanbau wird vielfach mit nostalgischen Gedanken verbunden à la »Zurück zur guten alten Zeit«. Fälschlicherweise nehmen manche an, daß man im Biogarten alles so wachsen läßt, wie die Natur es will – ungedüngt und ungespritzt. Dies würde auf die Dauer nicht funktionieren. Der berühmte Wurm im Apfel sollte nicht das Markenzeichen des Bioanbaus sein. Auch der biologische Anbau zielt darauf ab, qualitativ gute Produkte zu ernten. Dazu müssen die Pflanzen ernährt, sprich gedüngt, und vor Krankheiten und Schädlingen geschützt werden, nur das Wie gestaltet sich anders.

Statt Mineraldünger verwendet man beim biologischen Anbau zur Pflanzenernährung Kompost, organische Handelsdünger, verschiedene Pflanzenjauchen und Mulchmaterialien. So werden die Bodenorganismen gefördert und geschützt, die ihrerseits Nahrung für die Pflanzen bereitstellen. Zusätzlich bringt der Leguminosen-Anbau Stickstoff, den wichtigsten Pflanzennährstoff, in den Boden. Alle Maßnahmen im Biogarten zielen auf eine gute Bodenfruchtbarkeit und ein gesundes Pflanzenwachstum ab, welches der beste vorbeugende Pflanzenschutz ist. Zusätzlich versucht man, nützliche Tiere und Pflanzen anzusiedeln, die beim direkten Pflanzenschutz helfen.

Aus dem Blickwinkel des Umwelt- und Naturschutzes ist der Bioanbau zweifellos jedem, auch dem Erwerbsgärtner, zu empfehlen. Aus wirtschaftlichen Gesichtspunkten kann aber nicht jeder Landwirt und Gärtner seine Produktion auf alternative Verfahren umstellen. Dies zeigen Vergleichsversuche der Landwirtschaftskammer Rheinland. Seit 1978 wird in der Lehr- und Versuchsanstalt für Gartenbau in Köln-Auweiler ein Vergleichsversuch zwischen biologischem (-dynamischem) und konventionellem Obst- und Gemüsebau für den Erwerbsgartenbau durchgeführt. Im Durchschnitt waren beim Bioanbau die Erträge um 20 bis 30 % niedriger, der Arbeitsaufwand um ein Drittel höher. Das bedeutet, daß biologisch erzeugte Produkte teurer verkauft werden müssen. Im Grunde liegt der Hemmschuh in der Vermarktung.

Als Hobbygärtner möchte man sicherlich soviel wie möglich von seinen Beeten ernten, doch ist man wirtschaftlich nicht von der Produktion abhängig, so daß ein gewisser Minderertrag nicht

zu Buche schlägt. Der Mehraufwand an Arbeit kann im Hobby-Garten zur Freude werden, denn in jedes Hobby investiert man gern Zeit.

Allerdings gestaltet sich der Bioanbau schwieriger als die konventionelle Bewirtschaftung. Alle Arbeiten im Biogarten sind im Zusammenhang mit der Natur zu sehen. Dabei ist vorher zu überlegen, welche Folge die einzelne Arbeit auf den Boden, die Pflanzen und auch die Lebewesen der Umgebung hat. Aus diesem Grunde stellt der Bioanbau wesentlich höhere Ansprüche an den Gärtner. Er muß über ein gutes Fachwissen verfügen und die ökologischen Zusammenhänge kennen. Ein gewisses Schema, wie man es teilweise im konventionellen Anbau anwenden kann, hat hier nur selten Gültigkeit. Der Bioanbau hängt stärker von der Natur und der Witterung ab.

Der häufigste Grund für einen Wechsel vom konventionellen zum alternativen Anbau ist die Angst vor der Chemie im Kochtopf, vor Rückständen chemischer Pflanzenschutzmittel. Sicherlich ist es einfacher, bei Schädlingsbefall zur Spritze mit E 605 zu greifen, als im Bioanbau selber Kräuterbrühen herzustellen. Doch welcher Hobbygärtner ist wirklich in der Lage, exakt zu dosieren und mit einer entsprechenden Wassermenge auf einer bestimmten Fläche auszukommen? Und wie sieht es mit dem Anwenderschutz aus bei der Verwendung giftiger Mittel? Welcher Hobbygärtner benutzt schon einen Schutzanzug oder wenigstens eine Atemmaske? Allein deswegen ist die Angst vor dem Chemieeinsatz im Kleingarten berechtigt. Der biologische Pflanzenschutz erfordert mehr Wissen über die Lebensweise von Schädlingen und Nützlingen, auch das Herstellen der Spritzbrühen kann arbeitsaufwendig sein. Doch kann man nach der Anwendung von natürlichen Mitteln unbesorgt seine eigenen Gartenerzeugnisse genießen, ohne auf Wartezeiten wie beim Einsatz chemischer Präparate Rücksicht nehmen zu müssen. Dazu kommt ein ruhiges Gewissen gegenüber der Natur.

Start zum Biogärtnern

Kleingärtner-Gedanken

Wer seinen Garten nach biologischen Grundsätzen bewirtschaften möchte, muß zunächst umdenken. Er muß lernen, den Garten als Teil der Natur zu sehen, in dem Unkräuter und Schädlinge in einem gewissen Umfang nützlich und notwendig sind. Allerdings bedeutet Biogarten nicht zugleich Unordentlichkeit. Vielfach herrscht die Vorstellung, ein Biogarten sei stets von Unkraut überwuchert, alles wachse durcheinander und wirke unordentlich. Man sollte zuerst einmal über die Begriffe Ordnung und Sauberkeit in bezug auf den Hobbygarten nachdenken. Allzuoft wird ein Garten zum Prestigeobjekt mit – stets kurzgeschorenem Rasen (nur durch viel Arbeit, Unkrautbekämpfungs- und Düngemaßnahmen hinzubekommen) und – stets sauber geharkten Beeten ohne Unkraut.

Man könnte viel Arbeit sparen, indem man den Putzteufel nicht in den Garten läßt und der Natur mehr Freiraum gibt. Statt laufend mit der Hacke gegen Unkraut zu kämpfen, wird der Boden mit Mulchmaterial bedeckt. Man muß sich langsam mit dem natürlichen Anbau, mit dessen Praxis und auch der veränderten Optik vertraut machen.

Anlegen eines neuen Biogartens

Ideal erscheint es, seinen neuen Garten zunächst auf dem Reißbrett anzulegen. So hat man die Möglichkeit, alle Notwendigkeiten für den Biogarten gleich mit einzuplanen wie Hecke, Teich, Steinhaufen, Mauer, (Blumen-)Wiese, Öko-Nischen für Nützlinge, Komposthaufen, etc. Es entsteht eine größere Vielfalt, wodurch mehr Tierarten, darunter auch Nützlinge, angelockt werden. Dies dient dem vorbeugenden Pflanzenschutz.

Leider sind viele dieser Möglichkeiten flächenmäßig begrenzt. Der Biogarten-Neuling muß sich anfangs mit dieser »Unordentlichkeit« erst einmal vertraut machen, schimpft vielleicht auch über die Platzverschwendung für diese Maßnahmen. Er wird aber bestimmt versöhnlich gestimmt, wenn die Tiere die geschaffenen Plätze annehmen. Insgesamt sollte bei diesen Einrichtungen aber nicht nur die Zweckmäßigkeit im Vordergrund stehen, man muß selber auch Freude daran finden. Für den Biogarten ist die »innere Einstellung« notwendig.

Die neben dem Nutzgarten verbleibende Fläche könnte optisch ansprechend naturnah und pflegeleicht gestaltet werden. Sie kann so den von uns als Nützlingen gern gesehenen Tieren als Nahrungsgrundlage, Brutplatz und Unterschlupf dienen. Der Vielfalt und eigenen Phantasie sind dabei keine Grenzen gesetzt, um aus dem Garten ein kleines Naturparadies zu gestalten. Nachfolgend dazu einige Anregungen.

Hecke und Bäume (Schattenbereich)

Biogarten heißt immer: natürliche Vielfalt. Die Auswahl an Bäumen und Sträuchern erfolgt nach den Standortgegebenheiten. Außerdem sollte man nicht nur die zu jeder Zeit gleich ausse-

Die Tabelle zeigt das Ernährungsspektrum einiger Nützlinge. Quelle: Bruns und Schmidt 1985.

		Hauptnahrung											Schutzmöglichkeiten										
		Ratten	Mäuse	Insekten (⊕ Nestbeute)	Nachtinsekten	Blattläuse	Insekteneier	Insektenlarven	Insektenpuppen	Milben	Schnecken	nur Nacktschnecken	Würmer	Standort schonen	Hecken, Gebüsch	alte Bäume erhalten	Reisighaufen o. ä.	Steinhaufen	frostfreier Winterschlafplatz	Wasserstellen	Kunstnester	Kunsthöhlen, Steine	Blumentopf mit Holzwolle	Boden nicht wenden
Säugetiere	Fledermaus			○										○		○			○			○		
	Igel		⊕		○						○		○	○	○		○							
	Maulwurf						○	○					○	○										
	Spitzmaus		○	○				○			○			○			○							
	Mauswiesel	○	○																○					
Vögel	Gartengrasmücke			○				○						○	○									
	Gartenrotschwanz			○				○						○	○	○						○		
	Gartenspötter			○				○						○	○									
	Gr. Fliegenschnäpper			○				○						○		○						○		
	Hausrotschwanz			○				○						○							○	○		
	Mauersegler			○										○								○		
	Meise			○				○						○		○						○		
	Rotkehlchen			○				○						○	○	○	○				○	○		
	Schwalbe			○										○									○	
	Specht			○				○	○					○		○						○		
	Steinkauz	○	○	○										○		○						○		
	Wendehals			○				○						○		○						○		
	Zaunkönig			○				○						○	○	○	○							
Lurche	Blindschleiche			○				○			○	○		○	○			○						○
	Zauneidechse			○				○		○	○			○	○			○						○
	Bergmolch							○			○	○	○	○	○							○		○
	Erdkröte										○	○	○	○	○			○		○				○
	Gelbbauchunke			○										○	○							○		○
	Grasfrosch			○				○			○	○	○	○	○							○		○
Gliederfüßler	Florfliege (Larve)					○																		
	Laufkäfer						○	○			○													○
	Marienkäfer					○																		
	Ohrwurm			○		○																	○	○
	Schlupfwespen					○	○	○	○															
	Schwebfliege (Larve)					○																		
	Spinnen			○				○																
	Wanzen (versch. Art.)					○		○		○														

13

henden Nadelgehölze pflanzen. Laubbäume und Sträucher ermöglichen das Erleben der Jahreszeiten mit laufend wechselnden, farblich reizvollen Eindrücken. Zum anderen sind viele Tierarten aufgrund extremer Spezialisierung auf bestimmte Gehölze angewiesen. Eine Hecke oder dichtes Gebüsch dient einer Vielzahl von Nützlingen wie Laufkäfern, Kröten, Eidechsen und Vögeln als Lebensbereich. Zudem ist sie Wind- und Erosionsschutz und filtert Staub und Abgase.

Eine Hecke sollte aus verschiedenen blühenden und fruchttragenden Gehölzen bestehen, die möglichst dicht (Pflanzabstand je Strauch 1,5 bis 2 m) im Herbst gepflanzt werden und so einen undurchdringlichen Lebensraum ergeben. Nur alle 3 bis 4 Jahre wird ein behutsamer Verjüngungsschnitt erforderlich. Anfangs können »Un-«Kräuter durch eine Mulchschicht (beispielsweise aus Stroh) weitgehend zurückgehalten werden, später unterdrückt sie die Beschattung der Gehölze auf natürliche Weise. Der verbleibende Unterbewuchs und auch das herunter fallende Laub (liegenlassen!) ist zur Biotop-Entfaltung wichtig (geeignete Heckenpflanzen s. Seite 114).

Teich oder Tümpel (Naßbereich)

Bestehende Bäche und Weiher im eigenen Garten sind leider eine Rarität. Vielleicht gibt es aber von Natur aus feuchte Stellen mit hohem Grundwasserstand oder undurchlässigen Bodenschichten auf dem Grundstück. Hier könnte man durch Probebohrungen feststellen, ob sich ein Teich ohne eine

künstliche Abdichtung schaffen läßt. Natürliche, flache Gewässer trocknen allerdings häufig im Sommer aus. Ansonsten wird man zu Folie (Spezial-Teichfolie), Beton, Ton, Gießharz oder anderen Materialien als künstliche Abdichtung greifen müssen. Schon die kleinste Wasserfläche im Garten stellt ein belebendes Element dar und ist auch ein wertvoller Lebensraum für viele, an Wasser gebundene Tiere und Pflanzen. Zur Ansiedlung einer vielfältigen und stabilen Teich-Lebensgemeinschaft wird eine Wasserfläche von mindestens 8 m^2 benötigt, je größer, desto besser. Daneben ist eine Besonnung von mindestens 4 Stunden pro Tag notwendig. Es ist auch auf die Anlage von verschiedenen Tiefenzonen einschließlich Sumpfbereichen zu achten. Für die Überwinterung von Fröschen, Lurchen, Larven und anderen Teichbewohnern (Fischen) sollte die tiefste Stelle mindestens 1 m betragen. An den Ufern muß der Teich flach auslaufen, damit den Tieren der Zu-und Ausstieg gelingt.

Nach der Teichanlage erfolgt eine möglichst vielfältige Ufergestaltung mit großen und kleinen Steinen, einem Steinhaufen, der vielen Tieren als Unterschlupf dient, totem Holz oder auch einem Baumstumpf. Als Pflanzsubstrat im und am Teich darf nur Sand oder ein nährstoffarmes Sand-Lehm-Gemisch verwendet werden, anderenfalls kommt es zu massenhaftem Algenwachstum. Die Abbildung zeigt, wie sich ein Teich bepflanzen läßt.

In einen naturgemäßen Teich sollte man möglichst keine Tiere einbringen, sondern die Besiedlung der Natur selbst überlassen. Sehr schnell werden sich

Anlageplan und Bepflanzungsvorschlag für einen Gartenteich.

Der Teich sollte in einer Flachstelle Bademöglichkeiten für Vögel bieten.

In der Nähe darf es keine Versteckmöglichkeiten für Katzen geben.

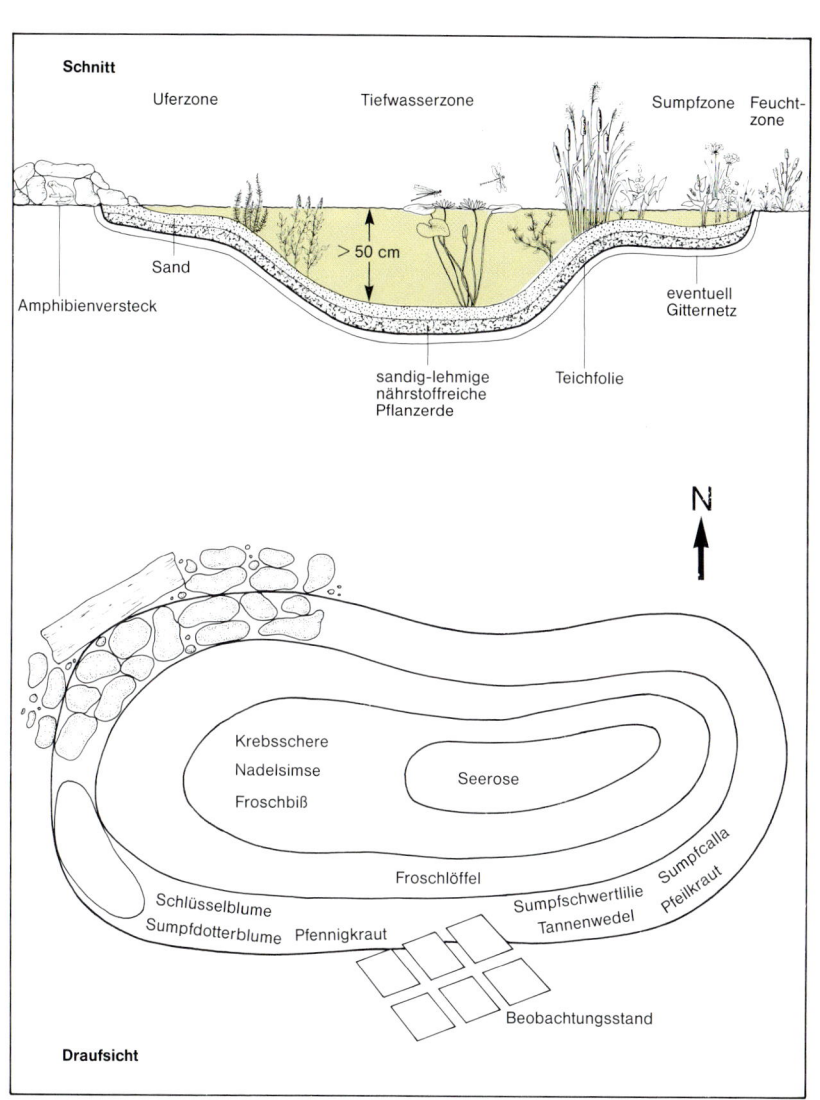

Schnitt

Uferzone   Tiefwasserzone   Sumpfzone   Feuchtzone

Sand

> 50 cm

Amphibienversteck

eventuell Gitternetz

sandig-lehmige nährstoffreiche Pflanzerde

Teichfolie

N

Krebsschere
Nadelsimse
Froschbiß

Seerose

Froschlöffel

Schlüsselblume
Sumpfdotterblume   Pfennigkraut

Sumpfschwertlilie
Tannenwedel

Sumpfcalla
Pfeilkraut

Beobachtungsstand

Draufsicht

15

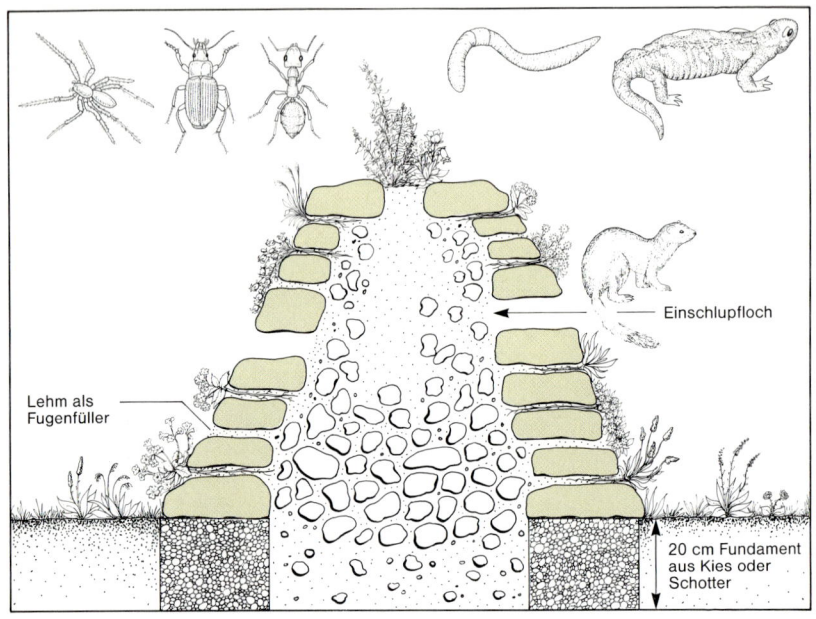

Einschlupfloch

Lehm als Fugenfüller

20 cm Fundament aus Kies oder Schotter

Libellen und Wasserläufer einstellen. Amphibien, also Frösche, Kröten und Molche, dürfen nicht aus der freien Natur entnommen werden; meist wandern sie sowieso wieder ab. Nur wenn man sich im Frühjahr Laich aus einem Gewässer holt, besteht die Aussicht, daß die daraus schlüpfenden Amphibien standorttreu bleiben. Diesen Tieren, die sich tagsüber verbergen wollen, kann man Unterschlupf bieten, indem man beispielsweise Tonröhren an versteckten Stellen auslegt.

Fische stören das biologische Gleichgewicht im Naturteich, da sie unter den Eiern und Larven der Amphibien und Wasserinsekten aufräumen, das gilt besonders für die gefräßigen Goldfische. Allerdings beugen sie auch der übermäßigen Vermehrung von Mücken vor.

Bei der Neuanlage einer Wasserstelle kann der anfallende Erdaushub zum Bau eines Abwechlung bringenden Hügels benutzt werden. Beispielsweise kann er in Teichnähe mit Sand und Steinen als Trockenbiotop gestaltet und bepflanzt werden.

Steine und Mauern (Trockenbereich)

Viele Pflanzen und Tiere erhalten durch aufgeschichtete Steine oder Trockenmauern günstige Lebensbedingungen. Steinhöhlen dienen dem Mauswiesel, dem Hauptfeind der Wühlmäuse, als Wohnung. Viele Hummelarten und einzeln lebende Bienen und Wespen finden in den Höhlen und Ritzen Brutplätze. Auch Würmer, Asseln, Spinnen, Käfer, und die verschiedenen, als Beutetiere für Reptilien, Amphibien, Igel, Marder, Spitzmaus dienenden Insekten, finden hier Lebensräume. Eidechsen nehmen auf den wärmespeichernden Steinen gern ein Sonnenbad und nutzen sie als natürliche Brutmaschine, indem sie ihre Eier in die Höhlungen zwischen den Steinen ablegen.

Links: Die freistehende Trockenmauer dient den verschiedensten Tieren als Lebensraum. Die Pflanzenbesiedlung kann man entweder der Natur überlassen, oder man setzt Steingartenpflanzen ein. Rechts: Die locker aufgeschichtete Mauer bietet vielen Tieren Unterschlupf.

Steinhaufen und Trockenmauern sind somit für den Biogarten nützlich, da sie vielen für uns nützlichen Tieren Quartier und Nahrung bieten. Fehlt es an entsprechendem Platz, wird man sich mit einem locker aufgeschichteten Steinhaufen begnügen, oder einen naturnahen Steingarten entsprechend anlegen. Ansonsten kann man freistehende Steinmauern, beispielsweise als Gartenbegrenzung, errichten oder abfallendes Gelände mit Stütz-Steinmauern abstufen. Beim Bau solcher Mauern sollte man auf Zement oder Kalk als Bindemittel verzichten.

Vogelschutz

In einem Biogarten steht der Vogelschutz mit an vorderster Stelle. Denn alle Vogelarten füttern ihre Jungen mit Insekten, Larven, Eiern, kleinen Schmetterlingen, Raupen usw., bis die Jungtiere in der Lage sind, sich ihr Futter selbst zu suchen. Zusätzliche Nistgelegenheiten fördern die Ansiedlung von Vögeln. Für höhlenbrütende Vogelarten hängt man Nisthöhlen, am besten aus Holzbeton, auf. Für Rauch- und Mehlschwalben, die kaum noch Nestbaumaterial finden, gibt es Kunstnester. Gegen Hausverschmutzung helfen mindestens 50 cm

Mit Hilfe von Nistkästen lassen sich Vögel ansiedeln.

Hier sieht man einen wirksamen Schutz vor Katzen.

Die Brennessel ist eine wertvolle Raupenfutterpflanze. Da sie auch als Rohstoff für Pflanzenjauchen dient, sollte man ihr einen Platz im Garten einräumen.

Für die erwachsenen Falter und andere Insekten wie Bienen, Hummeln und Schwebfliegen, sollte man im Garten stets ein Angebot an Nektarpflanzen halten. Dabei haben Wildblumen einen höheren Wert als Hochleistungszüchtungen, die oft nur wenig bis gar keinen Nektar führen. Einige unserer Küchenkräuter wie Thymian, Dost (Origano), Lavendel, Salbei, Tripmadam, Ysop sind dabei sehr begehrt. Man sollte Kräuter (s. ab Seite 107) und Wildblumen mit in Blumen- und Gemüsebeete integrieren.

Umstellung auf die biologische Bewirtschaftung

Grundsätzlich läßt sich keine exakte Aussage treffen, wie vorzugehen ist. Die Umstellungsmaßnahme hängt sehr von den bisherigen Gegebenheiten ab. Man muß aber auch etwas Geduld und Ausdauer aufbringen. Anfangs können Läuse- und andere Schädlingsinvasionen auftreten, da die natürlichen Schädlingsvertilger in noch zu kleiner Anzahl vorhanden sind. In schlimmen Fällen müssen natürliche Abwehr- und Bekämpfungsmittel (s. Seite 66ff.) eingesetzt werden. Um Nützlinge anzusiedeln und anzulocken, sollte man versuchen, die vorher für den »neuen Biogarten« beschriebenen Maßnahmen weitgehend nachträglich einzubauen. So wird man z. B. nicht unbedingt ganze Nadelgehölzkolonien oder Monokulturhecken abholzen, aber die nachträgliche Schaffung eines Teiches, einer Trockenmauer sowie von Unterschlupfmöglichkeiten für viele Nützlinge und

raten bei der Auswahl der geeigneten Samenmischung. Neben dem Naturerlebnis ist eine Blumenwiese eine wirksame Hilfe für bedrohte Tiere. Im Vergleich zum Rasen finden hier viermal soviel Vogelarten Nahrung. Ein Problem ist allerdings das Mähen. Entweder lernt man, mit der Sense umzugehen, oder man muß sich einen sehr starken Rasenmäher oder besser ein Balkenmähgerät anschaffen. Will man nicht gleich eine große Fläche der Blumenwiese »opfern«, nimmt man dafür zuerst ein separates Blumen- oder nährstoffarmes Gemüsebeet.

Als Naturfreund bietet man im Biogarten auch den selten gewordenen Schmetterlingen einige lebenserhaltende Pflanzen an. Die bekannteste und wichtigste Raupenfutterpflanze ist die Brennessel. Mindestens 13 Schmetterlingsarten dient sie als Kinderstube und Nahrung. Vielleicht kann man sich dazu durchringen, in einer nicht so häufig begangenen Gartenecke (beim Kompostplatz) Brennesseln anzusiedeln, die man auch sehr gut zur Herstellung von Jauche gebrauchen kann.

Lebendig geht es im Biogarten zu. Auch selten gewordene Insekten wie die Libelle finden hier noch Nahrung.

sich die Keimbedingungen. Am schnellsten kommt man durch Abtragen der vorhandenen Grasnarbe zum Ziel, was allerdings sehr arbeitsaufwendig ist. Die Rasensoden finden beispielsweise Verwendung zum Anlegen einer Wallhecke oder für ein Hügelbeet. Der Boden wird danach möglichst tief umgebrochen, durch Sandbeimischung (2 bis 5 l/m²) weiter abgemagert und dann mit einer Blumenwiesenmischung besät.

Gefährdete Gartenzonen

In naturnah gestalteten Gartenzonen kommt es nur selten zu Schädlingskalamitäten. Hier siedeln sich zahlreiche Nützlinge an, die ihre Fang- und Fraßtätigkeit auch in gefährdete Gartenzonen ausdehnen. Die Krankheits- und Schädlingsgefahr beschränkt sich auf Monokultur-Beete mit offenem Boden, also Obst- und Gemüsebeete und eventuell ein geschlossenes Rosenbeet. Deswegen sollte man im Gemüsegarten zur Mischkultur übergehen und den Boden mit Mulchmaterial bedeckt halten. Beim Obst erreicht man mit Unterkulturen (s. Seite 40) eine gewisse Vielfalt. Das Monokultur-Rosenbeet wirkt mit Kontrastpflanzen wie Lilien, Lavendel, Rittersporn viel attraktiver.

Nistgelegenheiten für Vögel lassen sich in vielen Fällen problemlos erstellen bzw. schaffen.

Vom Rasen zur Blumenwiese

Solch ein Vorgang braucht ebenfalls Zeit, da der bisher wahrscheinlich reichlich gedüngte Boden erst »abmagern« muß. Dazu läßt man den Rasen durchwachsen, die Gräser zur Blüte kommen, mäht dann (Anfang Juli und Ende September) und trägt das Schnittgut ab (als Mulch beispielsweise unter die Hecke legen). Schneller geht es, wenn man attraktive Wiesenkräuter in den Rasen einpflanzt. Dazu eignen sich Zwiebel- oder Knollenpflanzen (Krokus, Schneeglöckchen, Narzissen, Milchstern, Traubenhyazinthen) oder vorgezogene Pflanzen mit Topfballen (Wiesenprimel, Margerite, Wiesen-Glockenblume, Akelei). Die Direktsaat von Blumen in intensiv gepflegte Rasenflächen mit geschlossener Grasnarbe bringt kaum Erfolg. Wird die Narbe aber mit dem Vertikutierer oder ähnlichen Geräten aufgerissen, verbessern

Umstellung des Bodens

Je nach vorheriger Intensität der Gartenbewirtschaftung wird es 3 bis 5 Jahre dauern, bis sich der Boden entsprechend auf die biologische Bewirtschaftung umgestellt hat. Die Umstellung beginnt mit dem Einstieg in die Kompost- und Mulchwirtschaft. Statt des kräfte-

raubenden Umgrabens geht man auf sanfte, nicht wendende Bodenbearbeitung über. Statt breiter Monokultur wird man auf vielseitige Mischkultur, ausgeglichene Fruchtfolge und Gründüngungen umsteigen, Blumen und Kräuter werden in den Garten integriert. Die notwendige Düngung erfolgt der Bodenanalyse entsprechend. Hauptdünger ist der Kompost, gefolgt von pflanzlichen Jauchen, Leguminosen- und anderen Gründüngungen und als Ergänzung organische und eventuell mineralische Handelsdünger (außer Stickstoff). Es muß ein biologisches Gleichgewicht im Garten entstehen, ein harmonisches Zusammenspiel zwischen Boden, Pflanzen und Tieren.

Die Natur als Schule

Als Hobbygärtner freut man sich, wenn im Garten alles gut wächst und gedeiht, bekommt aber »Kopfschmerzen«, wenn Krankheiten und Schädlinge auftreten. Der konventionelle Gärtner greift zur Spritze, als Biogärtner wird man zuerst die Ursache untersuchen und dann Maßnahmen einleiten. In den seltensten Fällen sind die Probleme gottgegeben, vielfach hat man selber Schuld. Pflanzenschädlinge und -krankheiten werden oft verursacht durch falschen Standort, Sorte, Saatgut, insbesondere aber falsche Kulturmaßnahmen wie Düngung, allerdings auch durch Witterungsextreme. Als Biogärtner sollte man sich mit der Zeit ein gärtnerisches Grundwissen aneignen über Bodenkunde, die Biologie der Pflanzen, die Wildkräuter und auch über die nützlichen und schädlichen Tiere im Garten. Dienlich dazu ist entsprechende Fachliteratur. Vor allem sollte man mit wachsamen Augen (und Lupe) durch den Garten gehen und die natürlichen Zusammenhänge kennenlernen.

Blühende Kräuter zwischen Gemüse fördern das Insektenleben und werten den Nutzgarten auch farblich auf.

Wildkräuter als Zeigerpflanzen

Unkräuter sind meist normale Wildpflanzen des jeweiligen Standortes bzw. der Bodenart, können aber auch zugewandert sein (z. b. Sumpfkresse mit dem Torf). Erst im Garten, wo sie nicht erwünscht sind, entwickeln sie sich zu Unkräutern. Viele dieser Wildkräuter sind aber, mal von der positiven Seite betrachtet, wertvolle Heilpflanzen, andere schmecken gut als Frühjahrssalat oder -gemüse. Einige wachsen auf den schlechtesten Böden, verbessern und schützen sie. Mit ihrem ausgedehnten Wurzelsystem schließen sie Nährstoffe aus dem Unterboden auf (z. B. Löwenzahn, Klette, Gänsedistel). Treten bestimmte Arten massenhaft auf, kann man hieraus Rückschlüsse auf den Bodenzustand ziehen.

Auf Kulturflächen treten Unkräuter in Nährstoff- und Wasserkonkurrenz zu den Kulturpflanzen. Deshalb heißt es auch im Biogarten, das Unkraut auf den Produktionsbeeten zu bekämpfen. Durch konsequentes Mulchen, mit Gründüngungen und in offenen Flächen durch laufendes Hacken bekommt man mit der Zeit Unkrautprobleme in Griff. Wurzelunkräuter müssen ausgegraben werden.

Zeigerpflanzen für

stauende Nässe	Kriechender Hahnenfuß, Ackerminze, Ackerschachtelhalm-Arten, Huflattich
gut durchlüftete, eher feuchte Böden	Ehrenpreis-Arten, Erdrauch, Rote Taubnessel, Ackervergißmeinnicht
schwere Verdichtungen im Oberboden	Gänsefingerkraut, Breitwegerich
hohen Stickstoff-Gehalt	Brennessel, Taubnessel-Arten, Rauhhaariger Amaranth, Gemeines Kreuzkraut, Bingelkraut, Weißer Gänsefuß
mäßigen Stickstoff-Gehalt	Ackerfuchsschwanz, Geruchlose Kamille, Acker-Frauenmantel
eher basischen Bereich (pH-Wert über 7)	Wiesensalbei, Esparsette, Stiefmütterchen, Zierliche Wolfsmilch, Ackersenf
eher sauren Bereich (pH-Wert unter 7)	Hederich, Arzenei-Ehrenpreis, Ackerziest, Stechpalme, Hohlzahn

Wichtigster Produktionsfaktor – der Boden

In den meisten Fällen wird man seinen Gartenboden so hinnehmen müssen, wie er ist und muß mit den Eigenarten seines Bodens zurechtkommen. Jede Bodenart hat ihre Vor- und Nachteile. Durch häufige Kompostdüngung, möglichst ständiges Bedeckthalten mit Mulchmaterial und schonende Bearbeitung wird jeder Boden nachhaltig verbessert und die Bodenfruchtbarkeit gesteigert.

Bodenorganismen als Nahrungslieferanten

Für den Boden das Wichtigste ist die Bodenfruchtbarkeit. Sie stellt einen Sammelbegriff dar für den biologischen, chemischen und physikalischen Bodenzustand. Einen großen Anteil an der Erhaltung und Förderung der Bodenfruchtbarkeit hat die organische Substanz. Sie setzt sich aus den abgestorbenen pflanzlichen und tierischen Stoffen zusammen. Die lebendigen Bodenorganismen gehören eigentlich nicht direkt zur organischen Substanz, werden aber hier mitaufgeführt. Mengenmäßig nehmen sie nur etwa 5 % der organischen Substanz ein. Die Bodenorganismen leben von der toten Materie, der organischen Substanz. Durch Zersetzung und Abbau werden die organisch gebundenen Stoffe teilweise umgewandelt in anorganische Formen, die die Pflanzen aufnehmen können. Je mehr Bodenorganismen demnach vorhanden sind, um so mehr Nahrung wird für die Pflanzen bereitgestellt. Deswegen werden im Biogarten die Bodenorganismen durch Mulch geschützt und durch Zugabe von organischem Material wie Kompost und Gründüngung ernährt und gefördert. Die Tätigkeit der Bodenorganismen hängt aber von vielen physikalischen Faktoren ab, hauptsächlich von der Temperatur und dem Wassergehalt des Bodens. Mit steigender Temperatur nimmt die Tätigkeit der Bodenorganismen zu. In wassergesättigten oder ausgetrockneten Böden können sie nicht tätig sein, der optimale Wassergehalt entspricht 60 bis 80 % der maximalen Wasseraufnahmefähigkeit des Bodens. Sauerstoffzufuhr, beispielsweise durch Bodenlockerung, regt die Bodenorganismen ebenfalls an.

Die Bodenlebewelt übt eine wichtige Speicherfunktion aus. Sie baut überschüssige Pflanzennährstoffe in Körpersubstanz ein. Die Nährstoffe sind nach dem Absterben der Oganismen für die Pflanzen wieder verfügbar.

Da man im Biogarten nicht mit direkt pflanzenaufnehmbaren mineralischen Düngern arbeitet, sondern mit organischen Stoffen, hängt der Düngeerfolg sehr von der Tätigkeit der Bodenorganismen ab. Pflanzen können die organischen Stoffe nicht direkt verwerten. Organische Dünger durchlaufen erst den Umweg über die Bodenbakterien, ehe die Pflanzen sie aufnehmen können.

Der größte und bekannteste Bodenbewohner ist der Regenwurm. Er verdaut in seinem Körper die organische Substanz zu fruchtbarster Erde. Regenwurmkot enthält bis zu 5mal mehr Stickstoff, 7mal mehr Phosphor, 11mal mehr Kalzium und 2mal mehr Magnesium als Normalerde.

Jede Bodenschicht hat ihre eigenen speziellen Lebewesen, die nur dort le-

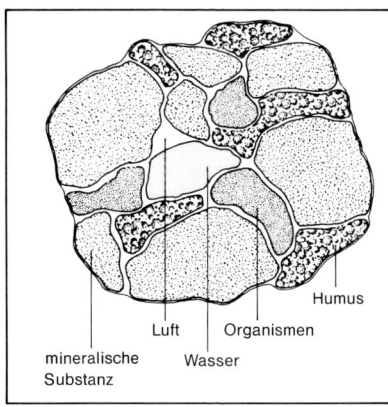

mineralische Substanz

Luft

Wasser

Organismen

Humus

Links: So sieht ein optimales Krümelgefüge aus (etwa 1–10 mm Durchmesser). Unten: Die Zusammensetzung der organischen Substanz. Sie besteht aus Lebendigem (Tiere, Pflanzenwurzeln) und Abgestorbenem (Humus).

ben können. Deswegen sollte die natürliche Bodenschichtung bei der Bodenbearbeitung nicht gestört werden (s. Seite 41). Insgesamt sollte man den Boden nicht als tote Materie betrachten, sondern als lebendigen Organismus, den man entsprechend »gut« behandeln muß.

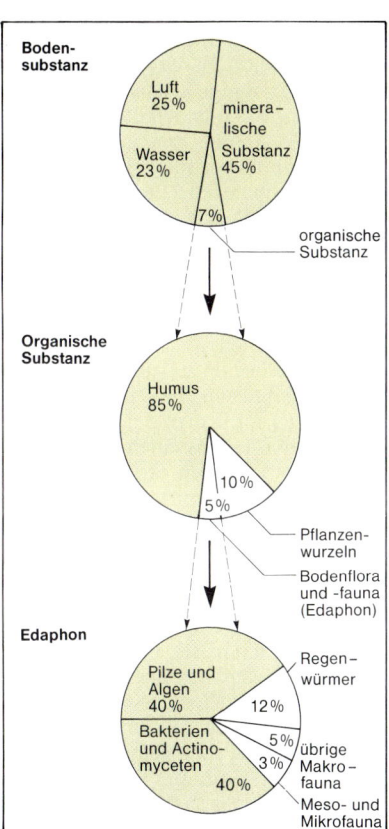

Bodensubstanz

Luft 25%

Wasser 23%

mineralische Substanz 45%

7%

organische Substanz

Organische Substanz

Humus 85%

10%

5%

Pflanzenwurzeln

Bodenflora und -fauna (Edaphon)

Edaphon

Pilze und Algen 40%

Bakterien und Actinomyceten 40%

12%

Regenwürmer

5% übrige Makrofauna

3% Meso- und Mikrofauna

Das Herz des Biogartens – der Komposthaufen

Schon der Name sagt es – »Kompost« kommt aus dem Lateinischen und heißt »Zusammengesetztes«. Kompost ist das Menü für die Bodenorganismen. Wie beim menschlichen Menü macht die Komposition den Wert der Speise aus. Je vielfältiger die Zusammensetzung, desto besser. Die Ausgangsmischung für einen Kompost soll aus pflanzlichen, tierischen und mineralischen Teilen bestehen. Die pflanzliche Komponente kann sich aus Abfällen aus Küche, Garten, Wald, Obstanlage, Weinberg und landwirtschaftlichen Kulturen zusammensetzen. Als tierische Komponente dienen verschiedene Mistarten. Falls diese nicht erhältlich sind, läßt sich auf käufliche Dünger tierischen Ursprungs wie Horn-, Blut- oder Knochenmehle, Guano und ähnliche zurückgreifen. Mineralische Teile bringt man über Gesteins- und Tonmehle, Erde, Sand und Kalke in den Kompost.

Auch der kleinste Garten oder ein »Nur-Ziergarten« sollte über einen Kompostplatz verfügen. Denn Kompost stellt eine sinnvolle Wiederverwertung organischen Materials dar, was ansonsten für teures Geld über die häusliche

Links: Der Regen-
wurm lockert
mit seinen
Fraßgängen den
Boden und trägt
zur Umsetzung
von abgestorbenem
organischen
Material bei.

Rechts: Genug
Raum soll der
Kompostplatz
bieten. Ein Baum
spendet Schatten.

Mülltonne auf der städtischen Mülldeponie landet. Ein Kompost darf aber keinen Abfallhaufen darstellen, die Kompostsilos dürfen nicht wie Mülltonnen gefüllt werden. Ein gut gelungener Kompost ist das wichtigste und beste Düngemittel für Boden, Bodenorganismen und Pflanzen. Bestimmte Regeln gilt es zu beachten.

Kompostplatz

Ein richtiger Kompostplatz hat nichts mit jenem ungeordneten »Misthaufen« zu tun, den man oft in der hintersten Ekke vieler Gärten finden kann. Er darf kein Ort sein, den man lieber versteckt hält und ungern betritt, weil er stinkt und Ungeziefer anzieht. Wenn ein Komposthaufen stinkt, hat man etwas falsch gemacht. Ein guter Kompost ist das Herz des Biogartens. Deshalb sollte er bequem erreichbar sein. Ein befestigter Weg zum Kompostplatz ermöglicht auch bei nassem Wetter ein Hinlaufen oder -fahren mit der Schubkarre oder mit Großfahrzeugen (z. B. bei Stallmistanlieferung). Günstig sind die Anlagen in Nord-Süd-Richtung und Halbschatten bis Schatten durch Bäume, Sträucher oder Gebäude. Dadurch wird ein zu schnelles Austrocknen verhindert

und Windschatten geboten. Der Kompostplatz sollte ausreichend groß sein und Platz für einige Jauchefässer bieten. Neben dem Sammelbehälter für frische organische Abfälle braucht man Platz zum Auf- und eventuellem Umsetzen, für Abdeckmaterial (Erde, Steinmehl, alter Kompost) und eventuell für das Aufbewahren von vererdetem Kompost.

Der Kompost wird am besten direkt auf dem Erdboden aufgeschichtet, damit die Bodenlebewesen und besonders die Regenwürmer zu- und abwandern können. Gibt es in der Umgebung viele Maulwürfe, sollte man den Untergrund mit Betonpflastersteinen befestigen. Maulwürfe kommen oft von weit her und fressen Regenwürmer. Die Pflastersteine ergeben einen festen Untergrund, bieten aber trotzdem eine Verbindung zum Unterboden, ohne daß Maulwürfe durchkommen. Denkt man an die aus dem Kompostmaterial austretenden Sickersäfte, die in den Unterboden und irgendwann auch einmal ins Grundwasser gelangen und es eventuell mit Nitrat anreichern, so erscheint eine Kompostierung auf einem festen Untergrund, einer Betonplatte, angebracht. Da die Beziehung zu den Mikroorganismen im Unterboden fehlt, müssen beim

Aufsetzen eines Komposthaufens auf einer Betonplatte Stammkompost (alter Kompost) oder käufliche Kompoststarter sowie Regenwürmer zugesetzt werden.

Um eine Auswaschung von Nitrat durch Regen zu vermeiden, sollte der Kompost entweder überdacht oder allseitig mit Folie abgedeckt werden (dann auf ausreichend Feuchtigkeit achten!).

Der Kompostplatz sollte einen festen Standort haben, auf dem immer wieder kompostiert wird. Dadurch sammeln sich dort die »Rottespezialisten« in großer Zahl und ermöglichen eine von Jahr zu Jahr schneller und besser vor sich gehende Rotte.

Wann und worin kompostieren?

Im Prinzip kann man immer, wenn man genügend Material zusammen hat, einen Komposthaufen aufsetzen. Oft fallen im Kleingarten während des Sommers hauptsächlich krautige Abfälle an, die man laufend auf einen Sammelhaufen gibt. Dazu kommen frische Küchenabfälle, die man immer sofort mit Erde oder Steinmehl bedecken sollte, um unangenehme Gerüche zu vermeiden und um keine Mäuse und Ratten anzulocken. Falls im Herbst die Beete geräumt werden, fallen hier große Mengen an organischem Material an. Der Ziergarten wird besser erst im Spätwinter oder Frühjahr gesäubert. Hier werden Büsche, Hecken, Sträucher, Stauden zurückgeschnitten. So hat man im Frühjahr oft einen Sammelhaufen mit vielen krautigen und erdigen Bestandteilen und einen Berg voll Schnittgut. Von der praktischen Seite erscheint somit dieser Zeitpunkt ideal, um alles miteinander zu mischen und als Haufen aufzusetzen. Günstig ist eine Zugabe von etwas Stallmist.

Zum »Worin« bieten sich mehrere Möglichkeiten an. Im Kleingarten können das selbst gebaute oder käufliche Kompostsilos sein. Der Fachhandel bietet Komposttonnen als »Schnellkomposter« an. Es gibt sie aus verschiedenen Materialien wie Blech, Kunststoff

Ablauf der Kompostierung. Der Kompost wird zunächst gesammelt und nach einiger

Zeit gut gemischt aufgesetzt.

Rechts: Ordnung herrscht am Kompostplatz. Auch ein Jauchefaß findet Platz.

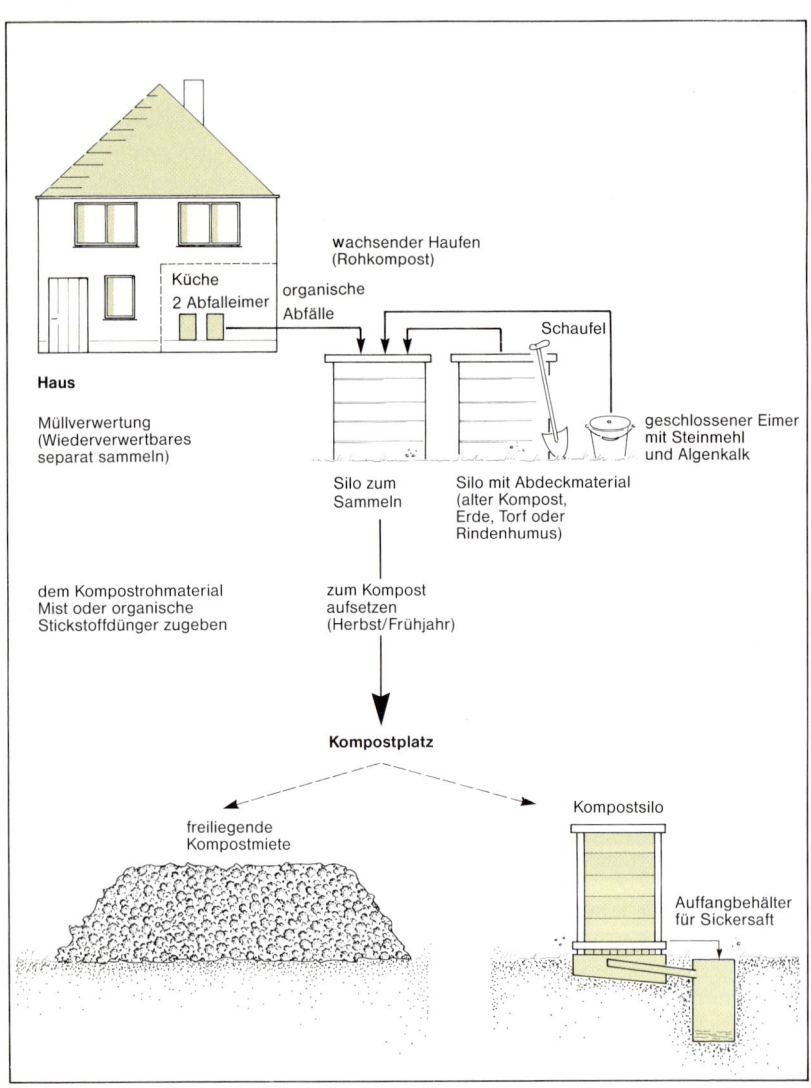

wachsender Haufen
(Rohkompost)

Küche
2 Abfalleimer

organische
Abfälle

Schaufel

Haus

Müllverwertung
(Wiederverwertbares
separat sammeln)

geschlossener Eimer
mit Steinmehl
und Algenkalk

Silo zum
Sammeln

Silo mit Abdeckmaterial
(alter Kompost,
Erde, Torf oder
Rindenhumus)

dem Kompostrohmaterial
Mist oder organische
Stickstoffdünger zugeben

zum Kompost
aufsetzen
(Herbst/Frühjahr)

Kompostplatz

freiliegende
Kompostmiete

Kompostsilo

Auffangbehälter
für Sickersaft

oder Holz (s. Zeichnung Seite 30). Während der Kompostierung entstehen auf natürliche Weise aggressive Stoffe wie Huminsäuren. Diese können unter Umständen unerwünschte Substanzen aus dem Silo herauslösen. Die Kompostierung selbst ist im weitgehend geschlossenen Kleinbehälter schwierig und kann auf zweierlei Art mißlingen. Entweder bleibt das organische Material zu trocken und rottet nicht, oder es ist zu feucht und kann zu einer stinkenden Masse zusammenfaulen. Deswegen ist beim Kauf von Kompostierungstonnen auf ausreichenden Luft- und Wasseraustausch zu achten. Falls nötig, wird zu trockenes Material mit Brennnesseljauche befeuchtet. Ist das Material zu naß, trockenes Laub oder Stroh dazwischenmischen. Einfacher zu handhaben sind Latten- oder Gitterroste, die genügend Luft und Wasser durchlassen. Beim Selbstbau von Kompostsilos sollte man diese nicht zu klein wählen. Ein brauchbares Maß für einen Silo wäre: Breite 2 m, Länge 1,2 m und Höhe 1 m. Dabei wird ein Silo als Sam-

melhaufen vorgesehen, ein weiterer zum Auf- und eventuell ein dritter zum Umsetzen. Das für den Silobau verwendete Holz darf nur mit »Bio«-Farbe behandelt werden. Man kann auch die im Handel für den Selbstbau erhältlichen Silos aus Beton oder Eternit verwenden, nur verrottet das Material in diesen Kästen langsamer. Ein Kompostsilo sollte als Sonnen- und Regenschutz einen abnehmbaren Deckel erhalten.

Am einfachsten ist das Kompostieren in einer freiliegenden Kompostmiete. Hier kann von allen Seiten Luft an das organische Material heran, wodurch es schnell und gut verrottet. Solch eine frei liegende Miete wird 1,5 bis 2 m breit, bis 1,5 m hoch und beliebig lang, je nach verfügbarem Material, aufgesetzt. Um eine entsprechende Wärmeentwicklung und somit Verrottung zu garantieren, liegt die Mindestgröße bei 3 m³.

Welche Materialien?

Im Prinzip läßt sich jedes organische Material verkompostieren, wenn man

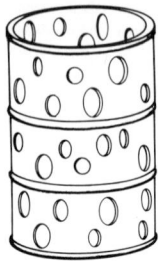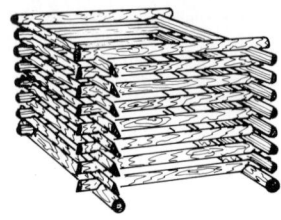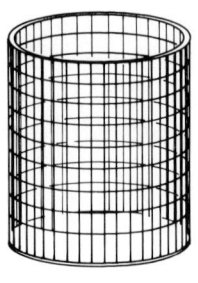

es entsprechend seiner individuellen Zusammensetzung behandelt. Denn einige Substanzen verrotten zu träge; sie haben ein zu weites C-N-Verhältnis. (Anteil von Kohlenstoff zu Stickstoff. Je enger das Verhältnis, also je kleiner die Zahl, um so schneller werden organische Stoffe abgebaut.) Das Ausgangsmaterial für einen Kompost sollte ein C-N-Verhältnis von etwa 30 zu 1 aufweisen, nach der Verrottung sollte es bei 15 bis 20 zu 1 liegen. Liegt das C-N-Verhältnis zu hoch (siehe Tabelle Seite 32), müssen dem Rohmaterial stickstoffhaltige Substanzen beigemischt werden wie Stallmist oder organische Handelsdünger (Hornspäne oder Blutmehl), Brennesseln oder Brennesseljauche. Allgemein haben alle braunen Rohstoffe wie Äste, Zweige, Laub und Nadeln ein weites C-N-Verhältnis. Sie werden mit Substanzen mit engem Verhältnis gemischt, z. B. mit grünen, krautigen, wasserhaltigen Pflanzenabfällen. Die mehr holzigen Rohstoffe behalten während der Kompostierung länger ihre Struktur und verhindern das Verpappen, lassen Luft an die anderen Materialien. Sie müssen aber unbedingt zerkleinert werden.

All dieses und (zeitliche) Erfahrungswerte sind für das Komponieren des Komposthaufens maßgebend. Einige Rohmaterialien können zu sauer wirken, dann wird beim Aufsetzen Algenkalk oder Hüttenkalk zugesetzt.

Reichen die im eigenen Haus und Garten anfallenden Abfälle zur Versorgung des Gartens mit Kompost nicht aus, kann man sich ohne großen Kostenaufwand beim Bauern oder bei öffentlichen Gartenämtern organische Abfallstoffe besorgen. Diese Materialien werden am besten mit den eigenen Abfällen gemischt. Wenn der Kompost aber nur aus einigen wenigen Substanzen besteht, ist eine individuelle Behandlung des Ausgangsproduktes wichtig. Deswegen werden nachfolgend einige Rohstoffe und ihre Wirkungen aufgezählt.

Küchenabfälle. In jeder Küche sollte ein Sammeleimer für organische Abfallstoffe stehen. Die Industrie bietet heute schon fertige, geteilte Abfallsammler an. Der Komposteimer wird ein- bis zweimal pro Woche geleert. Da frische Küchenabfälle oft naß sind und Ungeziefer anlocken, sind sie sofort mit aufsaugenden Stoffen wie Torf oder Rindenkompost zu bedecken. Behandelte Schalen von Zitrusfrüchten nicht kompostieren, Eierschalen möglichst zerkleinern. Kaffee- und Teeabfälle können zusammen mit dem Filtertütenpapier kompostiert werden.

Kaffeesatz lockt Regenwürmer an (ähnlich wirken Baldrianblütensaft und

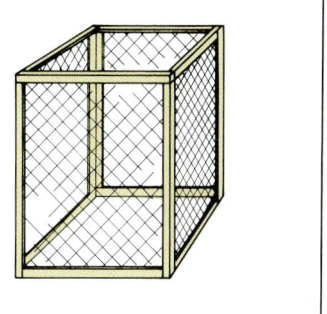

Diese einfachen Kompostsilos kann man selbst leicht herstellen.

Zuckerwasser). Er eignet sich gut als Mulchmaterial für Moorbeetpflanzen, da er sauer wirkt. Bei Verwendung größerer Mengen (sammeln, z. B. an der Arbeitsstelle, oder von Cafés, Restaurants oder ähnlichen besorgen) im Kompost Kalk zusetzen. Coffein ist übrigens ein natürliches Gift, und die Restmenge im Kaffeesatz wird von den Mikroorganismen abgebaut. Kaffeesatz hat eine schlechte Struktur, also wird mit anderen Abfällen vermischt. Er enthält 2% Stickstoff.

Gartenabfälle aller Art können, sofern man sie nicht zum Mulchen braucht, kompostiert werden. Holzige und sperrige Teile werden zerkleinert. Unkraut ohne Samen darf auf den Komposthaufen, aber keine frischen Wurzelunkräuter (vorher sehr gut trocknen).

Laub. Buchen- und Birkenlaub eignet sich gut zum Kompostieren. Allerdings legt sich nasses Laub aufeinander und läßt keine Luft mehr durch, so daß der Kompost faulen würde. Deswegen verwendet man entweder trockenes Laub, oder zerkleinert es mit einem Häcksler oder mit dem Rasenmäher. Man kann es auch mit dem Auffangkorb des Rasenmähers oder einem Rasenkehrer aufsammeln. Nuß- und Eichenlaub enthält von Natur aus Gerbstoffe, dadurch werden sie für Mikroorganismen schwer abbaubar. Kleinere Mengen

dürfen in den Kompost eingemischt werden. Bei größeren Mengen häckselt man und legt einen separaten Haufen an, den man aber zuerst den Winterniederschlägen aussetzt. Während dieser Zeit werden die Gerbstoffe abgebaut. Danach kann das Material zu dem anderen Kompost. Ebenso sind größere Mengen an Heckenschnitt von *Thuja* und Buchsbaum zu behandeln.

Das Laub von städtischen Gartenämtern sollte man bei späterer Kompostausbringung im Nutzgarten nicht verwenden. Laub von stark befahrenen Straßen kann unerwünschte Schwermetalle enthalten, die sich bei der Kompostierung anreichern.

Rasenschnitt sollte man erst antrocknen lassen, dann zusammenrechen und zum Mulchen oder Kompostieren verwenden. Frisches, noch feuchtes Schnittgut klebt zusammen, es würde auf dem Komposthaufen verhitzen und verfaulen. Es eignet sich gut zur Flächenkompostierung (Mulchen) in schleierartig dünner Schicht.

Mist wird am besten immer mitkompostiert. Stallmist wird durch seine Fermente sehr wertvoll. Dabei ist auf jeden Fall Frischmist, der noch nicht in Fäulnis übergegangen ist, dem Stapelmist vorzuziehen. Stallmist aus konventioneller Massentierhaltung kann Antibiotika enthalten, die z. B. über Tierfutterzusätze in den Mist gelangen. Diese Antibiotika können sich negativ auf die Kompostlebewesen auswirken, sie werden aber abgebaut.

Auch Kleintiermist (der von Meerschweinchen, Kaninchen usw.) kann verwendet werden. Bei größeren Mengen gut mit dem anderen Material mi-

Kompost-Rohstoffliste (nach Pfirter et. al. 1981)

Rohstoff	C-N-Verhältnis*	Struktur-stabilität	Verrottungs-möglichkeit
Rinde	100–130 nährstoffarm, sauer	gut	mittel
Sägemehl			
– Buche	um 100	gut	schlecht
– Fichte	um 230		
Papier, Karton	200–500	mittel	gut
Holzasche		schlecht	keine
Küchenabfall	12–20	schlecht bis mittel	gut
Kaffeesatz		schlecht bis mittel	mittel
Holzschnitt	100–150	gut	schlecht
Gartenabfälle	20–60	gut	mittel
Laub	30–60	mittel bis gut	gut
Rasenschnitt	12–25	schlecht	gut
Schilf	20–50	gut	mittel
Hühnermist	13–18	mittel	gut
Rindermist	20	mittel	gut
Pferdemist	25	gut	gut
Gemüseabfälle	13	schlecht	gut
Stroh			
– Hafer, Roggen	60	gut	mittel
– Weizen, Gerste	100	gut	mittel
Torf	30–50	gut	schlecht
Champignon-substrat	40	gut	gut bis mittel

* C-N-Verhältnis: je kleiner die Zahl, um so schneller die Verrottung. Für die Kompostierung Materialien mit weitem Verhältnis (große Zahl) und solche mit engem Verhältnis mischen.

schen. Bei Verwendung von Sägemehl oder Hobelspänen können auch die Inhalte von Katzenkisten kompostiert werden. Vorsicht bei Geflügeldung. Er ist besonders reich an löslichem Stickstoff und Phosphor und wirkt sehr scharf. Deswegen besonders gut mit den anderen Kompostmaterialien mischen. Wenn er feucht ist, eignet sich zum Mischen auch Torf und Rindenkompost oder gehäckseltes Stroh. Menschliche Fäkalien sollten nicht zum Kompostieren verwendet werden.

Sägespäne können unter Zusatz von stickstoffhaltigen Stoffen und Kalk verkompostiert werden. Sie eignen sich auch zum Mulchen.

Stroh ist ein wertvoller Rohstoff; es sollte zur Kompostierung gehäckselt sein. Außerdem fügt man ihm Stickstoff (z.B. in Form von Kleintiermist, v. a. von Hühnern oder Tauben) und Kalk zu. Stroh eignet sich gut zum Bedecken des Komposthaufens sowie zum Mulchen von Obstbäumen und Beerenobst (Achtung: Gefahr von Mäusen).

Torf besteht an sich aus totem Material, ist aber aufgrund seiner großen Wasserhaltekraft wertvoll. Kalk neutralisiert die im Torf enthaltenen Huminsäuren.

Kompostfehler

Was tun, wenn der Kompost		Ursache
zu trocken ist	befeuchten (mit Brennesseljauche)	mangelnde Befeuchtung beim Aufsetzen, Kompostplatz zu sonnig; Folge: keine Verrottung
zu naß ist oder stinkt	mit trockenem Material mischen (Stroh, Sägespäne, Torf, Rindenhumus)	zu viel Grünmaterial, was dicht aufeinander lagert; Folge: Fäulnis
zu heiß ist	umsetzen und strukturreiches Material (Stroh, kleine Äste) dazwischenmischen	Kompostmaterial lagert zu dicht und enthält zuviel Stickstoff; Folge: Verhitzung, Fäulnis
nicht rottet	stickstoffreiches Material zusetzen, Feuchteverhältnis überprüfen und gegebenenfalls korrigieren	C-N-Verhältnis zu hoch, Kompost ist zu naß oder zu trocken

Im Biogarten kann und sollte man weitgehend auf Torf verzichten. Zum Aufsaugen zu nasser Substanzen wie Küchenabfälle kann man auf fertigen käuflichen Rindenhumus ausweichen. Zur Bodenverbesserung dient eigener, fertiger Kompost.

Papier gibt man besser zum Altpapier. Ein begehrtes Regenwurmfutter ist aber zerkleinerte Wellpappe (Kartons).

Asche von Papier und Pappe kann, solange die Materialien nicht bunt bedruckt waren, kompostiert werden. Holzasche ist reich an Kalium (8%) und gut für den Komposthaufen geeignet. Kohleasche ist wegen der in ihr enthaltenen Schwermetalle nicht geeignet.

Aufsetzen des Kompostes

Das gesamte Kompostmaterial wird unter Beimischung von etwa
3% altem Kompost oder Mutterboden,
10 kg/m^3 Gesteinsmehl,
5 kg/m^3 Algenkalk »Algomin«

zu einem Haufen aufgesetzt. Wenn das Kompostmaterial viel holzige Abfälle enthält, sollte man – falls kein Mist zur Verfügung steht – 3 bis 5 kg Hornspäne oder Rizinusschrot je m^3 zusetzen. Bei leichten, sandigen Böden verwendet man anstelle von Gesteinsmehl ein Tonmehl, z. B. das Agrar-Bentonit »Edasil«. Eine regelmäßige, langjährige Anwendung verbessert den Boden, er wird bindiger.

Vor dem Aufsetzen muß alles sperrige Material auf maximal 5 bis 10 cm Länge zerkleinert werden. Feines (kleingeschreddertes) Material allein ist jedoch ungünstig, da es zu dicht lagert und zu wenig Sauerstoff durchläßt. Wenn nötig wird der Haufen beim Aufsetzen angefeuchtet, am besten mit Brennesseljauche. Ein zu trockner Haufen wird heiß und schimmelt. Allerdings bedarf es auch hier des Fingerspitzengefühls. Denn bei zu nassem Material entsteht Fäulnis, der Haufen stinkt. Unser Maßstab heißt: »Wie ein ausgedrückter

Schwamm.« Bei zu nassem Ausgangs-material wird mit Sägemehl, Torf oder ähnlichem gemischt.

Der beste Kompoststarter ist alter Kompost. Käufliche Kompoststarter brauchen nicht oder nur bei der ersten Kompostierung zugesetzt werden. Das gleiche gilt für Regenwürmer, es sei denn, man will speziellen nährstoffrei-chen Regenwurmhumus herstellen. Der fertige Komposthaufen wird mit einem luftdurchlässigen Material gut bedeckt, z. B. mit Stroh, Heu, Strohmatten, Vliesfolie, Laub. Kürbisse oder Gurken sollte man nicht auf den Komposthau-fen pflanzen, sie entziehen ihm Nähr-stoffe. Man setzt sie besser an den Fuß der Miete, wo sie die Sickersäfte nutzen können. Steht kein Abdeckmaterial für den Komposthaufen zur Verfügung, werden auf den Kompost je nach Jah-reszeit Sommer- oder Winterwicken eingesät. Bei beginnender Blüte werden die Pflanzen abgemäht und bleiben als Bedeckungsmaterial darauf liegen.

Mit Hilfe von Sauerstoff verbauen die Mikroorganismen die in der frischen organischen Substanz festgelegten, nicht pflanzenverfügbaren Nährstoffe. Dieser Rottevorgang verläuft in mehreren Pha-sen. Bei harmonischer Rotte entsteht wertvolle lebendige Erde.

Kompostverwendung

In der kleingärtnerischen Praxis findet oft nur Reifkompost Anwendung. Da-bei wird meist angenommen, der Kom-post sei erst dann reif, wenn alle Aus-gangsmaterialien zu krümeliger Erde umgewandelt sind, oder die Kompost-würmer das Weite gesucht haben. Solch ein Material stellt aber keinen reifen, sondern einen alten Kompost dar. Die-ser ist ein gutes Bodenverbesserungs-mittel und kann mit etwa 4 Schaufeln je m^2 im Garten verteilt oder als Anzucht-erde, mit Sand vermischt, verwendet werden. Im Biogarten stellt der Kom-post ein wichtiges Düngemittel dar. Je

Ein Hochbeet erleichtert die Arbeit auf der Beetfläche. Das darin

geschichtete, verrottende Material sorgt für höhere Bodentemperaturen.

Die Tomaten erhielten eine schützende Haube.

länger aber ein Komposthaufen rottet, desto mehr Nährstoffe, insbesondere Stickstoff, gehen verloren und desto geringer wird die Düngewirkung. Deshalb sollte ein Kompost für Düngezwecke nicht länger als ein halbes bis ein Jahr rotten. Man gibt den Düngekompost je nach Nährstoffbedürftigkeit mit 3 bis 6 kg/m² vor Starkzehrerkulturen auf den Boden, arbeitet ihn mit einem Grubber in die obere Krume ein. Er kann auch bereits im Herbst als Winterbedeckung auf die Beete gegeben werden, auf denen im kommenden Jahr Starkzehrer stehen sollen (s. Seite 91). Allerdings treten durch die Winterniederschläge Stickstoffverluste auf.

Zur Herstellung von Reifkompost kann es nötig sein, den Haufen einmal umzusetzen. Dadurch wird das Kompostmaterial belüftet und die weitere Verrottung verbessert. Vor der Verwendung des Reifkompostes werden die groben Bestandteile ausgesiebt und auf einen neuen Sammelhaufen gegeben. Die fertige Komposterde muß unbedingt bedeckt werden, damit der Regen nicht noch mehr Nährstoffe auswäscht.

Hügelbeet und Hochbeet

Ein Hügel- oder auch ein Hochbeet ist eine Art Spezialkompost, der im Fruchtfolgewechsel bepflanzt wird. Verrottungswärme und andere Faktoren bewirken ein schnelles Wachstum.

Positive Eigenschaften

Ein Hügelbeet ist für (zu) kleine Gärten empfehlenswert, da durch den Hügel die Produktionsfläche um etwa 30 % erhöht und so der Flächenertrag gesteigert wird. Außerdem können die Pflanzreihen etwas enger als üblich angelegt werden, da durch die Hügelneigung der Lichteinfall günstiger ist. Dafür sollte das Beet in offener Nord-Süd-Richtung liegen. Bei einem Hochbeet bleibt die Produktionsfläche gleich, die Fläche wird nur hochgelegt, was die Gartenarbeit erleichtert.

Beide Formen sind gut für einen alten Garten geeignet, da Schnittholz hier sinnvoll verwertet wird. Durch die Verrottungswärme verlängert sich die Vegetationszeit. Im Frühjahr kann eher, im Herbst länger kultiviert werden, da die Bodentemperatur im ersten Jahr um 5 bis 8 °C erhöht ist. Dadurch ist diese Form der Bewirtschaftung empfehlenswert für Gegenden mit rauhem Klima.

Negative Eigenschaften

Die Anlage vom Hügel- oder Hochbeet ist arbeitsaufwendig. In jüngeren Gärten mangelt es an entsprechendem Material. In Hügel- und Hochbeeten fühlen sich Wühlmäuse und Maulwürfe wohl. Um dieser Gefahr vorzubeugen, legt man unter den Hügel feinmaschigen Draht (Kaninchendraht) aus.

Beim Hügelbeet darf der Hügel nicht zu steil angelegt werden, da die Oberschicht sonst bei Regen rutscht. Bewährt hat sich bei 1,8 m Fußbreite des Hügels eine Höhe von 1 m mit einem 40 cm breitem Scheitel auf der Hügeloberseite.

Der Hügel selbst muß beim Anlegen gut festgedrückt werden, um ein Zusammensacken zu vermeiden. Am be-

Ein Mulch aus
Stroh schützt den
Boden und
unerwünschte »Un-
kräuter« kommen

weniger rasch auf.
Während der Kul-
turzeit kann das
Mulchmaterial so-
fort nach der Aus-

saat oder Pflan-
zung zwischen
die Gemüse- oder
Blumenreihen ge-
bracht werden.

sten wird das Beet im Herbst gebaut, so daß es sich den Winter über setzen kann. Sehr wichtig ist beim Hügelbeet die Bewässerung. Denn im Sommer trocknen diese Anbauflächen deutlich schneller aus als flache Beete. Ist ein Hügelbeet erst einmal bis innen ausgetrocknet, bekommt man es nur mit Mühe wieder feucht. Schon beim Aufbau ist auf gute Befeuchtung zu achten.

Während der Kulturzeit wird ein Bewässerungsschlauch auf den Scheitel des Beetes ausgelegt und damit bei Bedarf gleichmäßig bewässert. Ein laufend erneuerter Mulch schränkt die Verdunstung ein. Die optimale Feuchtigkeitsregulierung ist deswegen so wichtig, weil es in trocken gewordenen Beeten zu Wachstumsstockungen und -störungen kommt. Zum anderen locken die höheren Zuckerkonzentrationen der Pflanzen in trockenen Böden rasch Schädlinge, besonders Blattläuse an.

Bei falsch gewählter Fruchtfolge besteht auf dem Hügel- und Hochbeet die Gefahr der Überdüngung. Überernährte Pflanzen sind weich und anfällig für Krankheiten und Schädlinge und enthalten zuviel Nitrat. Auf keinen Fall erhalten Pflanzen auf einem Hügel-oder Hochbeet zusätzliche Düngung. Die Bodenbakterien setzen bei der Umsetzung der organischen Stoffe zum einen Wärme, aber auch viele Nährstoffe frei. Deswegen dürfen anfangs nur solche Kulturen darauf stehen, die beides gut verwerten können, insbesondere Kürbisarten und Tomaten, Paprika (nur in warmen Gegenden empfehlenswert), Kartoffeln, aber auch Kohlarten.

Da das Kultivieren auf Hügel- und Hochbeeten (nach Ansicht der Auto-

rin) mehr Nachteile als Vorteile bringt, wollen wir hier nicht weiter darauf eingehen. Auf jeden Fall ist es Garten-Spezialisten vorbehalten, die sich in der entsprechenden Literatur Anregungen holen können (s. Seite 124).

Nach dem Vorbild der Natur: Mulchen

Zur Förderung und zum Schutz der Bodenorganismen und damit zur Bodenverbesserung ist neben der Kompostdüngung das Mulchen wichtig. Mulchen heißt, den Boden bedecken. Es wird auch als Flächenkompostierung bezeichnet, weil die organischen Stoffe zum Verrotten dünn auf den Boden ausgebreitet werden.

Mulchen ist keine neue Gartentechnik, sondern ein Verfahren, das man sich bei Mutter Natur abgeschaut hat. In der Natur ist der Boden kaum unbedeckt, sondern mit Kräutern bewachsen, die zum Teil im Lauf des Winters absterben und an Ort und Stelle verrotten. Zum anderen fallen Laub und Nadeln im Herbst von Bäumen und Sträuchern auf den Boden und bleiben als Mulch liegen. In der Mulchschicht leben zahlreiche Mikroorganismen, die das organische Material nach und nach zu Humus umwandeln.

Im Garten wollen wir dieses in der Natur übliche Verfahren, den Boden ständigen bedeckt zu halten, nachvollziehen. Dies scheint im ersten Moment sehr arbeitsaufwendig. Wenn man jedoch erst einmal diese Methode probiert hat, wird man sehr schnell die sichtbar gute Wirkung auf den Boden

erkennen und auch die praktischen Vorteile gegenüber der bisherigen Bewirtschaftung feststellen.

Sichtbare Vorteile des Mulchens

Die Mulchdecke unterdrückt das natürliche Unkrautwachstum. Das Unkrauthacken kann entfallen. Kraut, das die Mulchdecke durchwächst, wird aus dem lockeren Boden schnell und leicht herausgezogen. Durch die Mulchdecke strahlt die Sonne nicht so stark ein und trocknet den Boden weniger aus. Bei Regen dagegen platschen die Tropfen nicht so sehr auf, der Boden verschlämmt weniger leicht. Auch vor austrocknenden Winden ist der Boden geschützt. Insgesamt bewirkt die Mulchdecke eine gleichmäßigere Bodenfeuchtigkeit. Es muß weniger bewässert werden.

Indirekte Vorteile des Mulchens

Eine Mulchdecke aus organischem Material schützt die Bodenorganismen im Sommer vor Austrocknung, im Winter vor dem Erfrieren. Die Schwankungen der Bodentemperatur werden ausgeglichen. Zusätzlich finden die Bodenorganismen laufend Nahrung, verwandeln die organische Mulchdecke in pflanzenaufnehmbare Stoffe (z. B. Ammonium und Nitrat). Die Mulchdecke ist also eine Nährdecke. Sie versorgt auf natürliche Weise indirekt auch die Pflanzen langsam mit Pflanzennährstoffen, vor allem mit Stickstoff.

Die Mulchdecke fördert insbesondere die Regenwürmer. Sie tragen zur Bildung der Ton-Humus-Komplexe bei, die für die Krümelstruktur des Bodens wichtig sind. Zudem sorgen sie durch ihre wühlende und bodenverdauende Tätigkeit für eine intensive Bodenlockerung. Die Mulchdecke wird dabei auf natürliche Weise eingearbeitet. Laufendes Mulchen belebt den Boden, macht ihn fruchtbar und locker, so daß sich auf das kraftraubende Umgraben in der Regel verzichten läßt (s. Seite 40).

Mulchen ist besonders für schwere Lehmböden geeignet, um für diese die gewünschte Bodengare zu erreichen

und zu erhalten. In besonderem Maße trifft dies für die sogenannten »Minutenböden« (tonige Lettenböden) zu. Auf leichten Böden (Sandböden) ist eine permanente Bodenbedeckung der beste Schutz gegen zu schnelle Verdunstung des ohnehin spärlichen Bodenwassers. Zudem schützt die Mulchdecke vor Winderosion. Und gerade auf leichten Böden kann die Nährstoffanreicherung durch die Mulchdecke im Laufe einiger Jahre beachtlich sein.

Nachteile des Mulchens

Die Mulchdecke bildet eine Isolationsschicht. Dies ist im Winter als Frostschutz und im Sommer als Sonnen- und Regenschutz erwünscht. Im Frühjahr wird dadurch allerdings die Erwärmung des Bodens verzögert. Bei frühen Gemüsekulturen kann das Nachteile bringen. Denn mit steigender Bodentemperatur steigt die Aktivität der Bodenorganismen, die den Pflanzen den Stickstoff zur Verfügung stellen. Im kalten Boden

kann es also bei Gemüse zu Stickstoffmangel-Erscheinungen kommen. Abhilfe kann eine Brennesseljauche aus getrockneten Brennesseln (frische gibt es in dieser Jahreszeit noch nicht) mit etwas zugesetztem Hornmehl bringen.

Bei Frühgemüse mulcht man besser im Frühjahr nicht mit organischen Stoffen, wobei für das Mulchen in dieser Jahreszeit sowieso kaum Material anfällt. Deswegen ist es ratsam, Frühgemüse mit gelochter Folie oder Vlies flach oder als Tunnel zu bedecken. Anfang bis Mitte Mai kann die Bedeckung entfernt, der Boden gehackt und dann gemulcht werden. Organische Mulchbedeckung hemmt die Bodenerwärmung im Frühjahr, schwarze(s) Mulchfolie oder -papier beschleunigt sie.

Beim Mulchen mit organischen Stoffen bedeuten die Materialbeschaffung sowie der Arbeitsaufwand weitere Nachteile. Am Anfang kann es etwas mehr Schnecken geben, die sich aber eher am Mulch selber als an den Pflanzen sättigen. Durch das Mulchen vermehren sich die Regenwürmer, was v.a. Amseln dazu veranlaßt, im Mulch herumzupicken. Sie dezimieren auch die Nacktschnecken.

Die Vorteile überwiegen bei weitem die hier genannten Nachteile.

Praktische Durchführung

Zum Mulchen verwendet man auf 5 bis 10 cm Länge kleingeschnittene oder -gehackte Gartenabfälle, die vor der Verwendung antrocknen sollten. Frisches Material lockt Schnecken an. Im Prinzip ist bei der Flächenkompostierung nicht anders als bei einem Komposthaufen zu verfahren. Das Mulchmaterial sollte möglichst vielfältig zusammengesetzt sein. Neben den pflanzlichen Abfällen, die wir im nächsten Abschnitt aufzählen, ist auch bei der Flächenkompostierung die Zugabe einer mineralischen Komponente in Form von Gesteins- und Algenmehlen günstig. Gesteinsmehle, wie z. B. Basalt- oder Lavamehl, binden eventuelle unangenehme Gerüche (z. B. bei der Verwendung von Stallmist), bringen wichtige Spurenelemente in den Boden und bilden auch eine langsam fließende Quelle für Tonminerale, die bei der Bildung der für den Boden wichtigen Ton-Humus-Komplexe mithelfen. Tonmehl, wie z. B. Agrar-Bentonit »Edasil« eignet sich für leichte Böden. Algenkalk sorgt für einen ausgeglichenen Säurehaushalt, fördert die Verrottung und bringt, wie die Gesteinsmehle, wichtige Spurenelemente mit. In der Praxis des Mulchens ist es günstig, die organischen Abfallstoffe nach dem Verteilen mit einer Mischung aus Stein- oder Tonmehl plus

Algenkalk auf dem Boden hauchdünn zu überpudern. Das Mulchmaterial selber wird während der Kulturzeit etwa 1 bis 3 cm dick bzw. dünn auf den Boden verteilt. Bei leichtem, luftigem, lockerem Material kann die Mulchschicht 2 bis 3 cm dick sein. Bei schwererem, mehr kompaktem Material (frischer Rasenschnitt) darf sie nur sehr dünn sein; 0,5 cm reichen aus. Der Boden muß unter der Mulchdecke noch atmen können, sonst wird die Tätigkeit der sauerstoffbedürftigen Mikroorganismen, die diese organische Masse zu Humus umwandeln, behindert, der Mulch fault. Dabei können Hemmstoffe entstehen, die der Regen an die Pflanzenwurzeln bringt und die das Wachstum hemmen. Außerdem ziehen zu dicke Mulchschichten Schnecken und Mäuse an.

Die dünne Mulchdecke während der Kulturzeit ist relativ schnell verrottet und dann verbraucht, so daß die Auflage erneuert werden muß. Den Winter über darf die Bodendecke dicker sein, um den Boden ausreichend zu isolieren. Je nach Material sind hier 2 (Kompost) bis 10 cm (Stroh) Auflage empfehlenswert.

Folgende organische Materialien eignen sich als Bodenbedeckung:

● Jegliche Art von Grünmasse wie Rasenschnitt, noch nicht samentragendes Wiesengras, Schnittgut von Blumen, Stauden, Hecken, Ernterückstände von Gemüse wie Möhrenlaub, Salatumblätter, zudem noch nicht samentragende Unkräuter, gut getrocknete Wurzelunkräuter.

● Sehr gut geeignet ist Schnittgut von Heil- und Wildkräutern. Sie sind oft reich an Spurenelementen und Mine-

fehlt dann den Gemüsepflanzen. Stroh hat den gleichen Effekt. In Versuchen zeigten mit Stroh gemulchte Kohlparzellen deutlichen Minderwuchs. Zudem kann Stroh aus konventionellem Anbau Rückstände von Wachstumsregulatoren oder Pflanzenschutzmitteln enthalten, die sich u. U. negativ auf das Pflanzenwachstum auswirken. Holzige Zweige eignen sich aber gut zum Festhalten von Fallaub, wenn man sie locker unter Sträucher legt.

Bodenbearbeitung

Sinn und Zweck der Bodenbearbeitung ist die Lockerung, die Regulierung des Luft- und Wasserhaushaltes und die Unkrautbekämpfung. Nur in einem lockeren, ausreichend belüfteten Boden kann sich das Bodenleben optimal entwickeln, können die Pflanzenwurzeln das Erdreich ungehindert durchdringen, sich ausbreiten und der Pflanze ein optimales Wachstum ermöglichen.

Im Herbst steht der Gärtner vor der Frage, ob er zur traditionellen Bodenbearbeitungsmethode des Umgrabens schreiten soll. Der wichtigste Vorteil dieses Verfahrens ist die Frostgare. Denn das im Boden gefrierende Wasser zerteilt die groben Schollen, und der Boden zerfällt nach dem Auftauen feinkrümelig. Doch stellt das Umgraben einen störenden Eingriff in das Bodenleben dar, denn die Bodenschichten geraten dabei durcheinander. Die luftliebenden Lebewesen werden nach unten vergraben, wo sie ihre Tätigkeit einstellen bzw. zugrunde gehen, während die luftfliehenden Organismen nach oben ge-

ralstoffen und leisten einen besonderen Beitrag zur Gesundung der Böden. Zu nennen sind Beinwell (bildet viel Masse und ist reich an Kalium und Stickstoff), Brennessel (stickstoffreich), Schafgarbe, Löwenzahnblätter, Spitzwegerich, Senf, Ringelblume, Borretsch, Dill. Diese Pflanzen werden entweder gesammelt oder speziell als Gründüngung auf einer anderen Fläche gesät, kurz vor der Blüte abgemäht und nach kurzem Antrocknen als Mulch verwendet. Unter Obstbäumen kann man auf freie Baumscheiben die Pflanzen im Abstand von mind. 50 cm vom Stamm direkt säen. Sie werden dann ebenfalls kurz vor der Blüte abgemäht und bleiben an Ort und Stelle als Bodenbedeckung liegen.
● Wenn man die Möglichkeit des Schredderns hat, kann man auch Häckselmaterial aus groben Gartenabfällen verwenden wie Hecken- oder Sträucherschnitt, Sonnenblumenstengel. Holziges Material sollte nicht zum Mulchen kurzlebiger Gemüsekulturen verwendet werden, da es bei der Verrottung Stickstoff verbraucht. Dieser Stickstoff

holt werden, wo sie nicht existieren können. Zum anderen ist die Frostgare eine Scheingare, denn nach dem ersten Regen kleben die feinen Krümel wieder aneinander, es muß gehackt werden.

Eine stabile Bodengare ist nur in einem lebendigen Boden durch die Bodenorganismen zu erreichen. Auf die Frostgare ist nur ein wenig belebter Boden angewiesen. So kann es im Umstellungsjahr, insbesondere bei schweren Böden, nochmals notwendig sein, umzugraben. Mit steigendem Humusgehalt des Bodens kann auf dieses kraftraubende Verfahren verzichtet werden. Zur tiefgründigen Lockerung im Herbst oder Frühjahr wird der Sauzahn verwendet. Er schont die natürliche Bodenschichtung und regt die Bodenbelebung an. Er wird diagonal und dicht nebeneinander von Beetkante zu Beetkante durch den Boden gezogen. Auch ein Kultivator lockert den Boden, ohne die Schichtung zu stören, arbeitet aber nicht so tief wie der Sauzahn. Deswegen bietet sich der Kultivator für die jeweili-

ge Bodenbearbeitung während der Kulturzeit an, bei Neusaaten und -pflanzungen, zur Einarbeitung von organischem Material. Den Sommer über sollte man den Boden nämlich nicht tief bearbeiten.

Der Boden kann anstatt mit dem Sauzahn auch mit einer Grabegabel gelockert und belüftet werden. Dazu wird die Gabel jeweils im Abstand von 10 cm in den Boden gestochen und hin- und herbewegt. Inzwischen ist eine neuartige Grabegabel auf dem Markt, 47 cm breit, mit 5 Zinken (3 à 25 cm, 2 à 22 cm). Hiermit geht die Arbeit viel schneller und leichter von der Hand. Die Gabel wird in den Boden gestochen, der Griff kurz nach unten gedrückt, wodurch die Erde bei einem humosen Boden leicht und feinkrümelig zerfällt. Auch zur Saatbeetbereitung muß man nachher lediglich mit einer Harke den Boden einebnen. Während der Kulturzeit ist es besser, den Boden zu mulchen, als laufend mit Hacke oder Schuffel zu bearbeiten.

Düngung

Hauptnährstoffe und Spurenelemente

Auch im Biogarten müssen Pflanzen und Boden ernährt werden. Die Düngung soll die von den Pflanzen entnommenen Nährstoffe ersetzen. Die 5 Hauptnährstoffe sind Stickstoff (N), Phosphor (P), Kalium (K), Calcium (Ca) und Magnesium (Mg). Zudem gibt es noch eine Reihe von Spurenelementen wie Eisen, Kupfer, Bor, Molybdän und viele andere, die alle einen bestimmten Einfluß auf das Pflanzenwachstum ausüben. Bevor man sagen kann, was gedüngt werden soll, muß man wissen, was im Boden an Nährstoffreserven enthalten ist. Auskunft darüber gibt eine Bodenanalyse, die man auch für den Hausgarten etwa alle 2 bis 3 Jahre durchführen läßt. Denn nur ein optimal ernährter Boden ist leistungsfähig und garantiert ein gutes Pflanzenwachstum. Ein Zuwenig und auch ein Zuviel an Nährstoffen ist schädlich. In beiden Fällen reagieren die Pflanzen, werden anfällig gegen Krankheiten und Schädlinge. Ein Zuviel an Dünger schadet außerdem der Umwelt und dem eigenen Geldbeutel.

Düngung nach Bodenprobe

Die Bodenanalyse soll einen repräsentativen Mittelwert des Bodenzustandes einer Fläche geben. Ein falsches Bild entsteht, wenn man Proben entnimmt, nachdem man gerade Kompost, Stallmist oder Dünger ausgebracht hat, oder wenn die Probe nicht sachgerecht gezogen wird. Die Abbildung zeigt, wie man Bodenproben gewinnt. Einige Institute, wie Balzer und Rusch, haben sich auf Bodenuntersuchungen für den alternativen Landbau spezialisiert (siehe Seite 124). Zudem führen die LUFAs Bodenanalysen durch.

Untersucht wird auf die Hauptnährstoffe Phosphor, Kalium, Magnesium (mit Ausnahme des Stickstoffs). Zusätzlich wird der pH-Wert ermittelt. Eine Analyse kostet je nach Untersuchungsanstalt 12 bis 40 DM. Für diesen Preis und auch wegen der Ungenauigkeit beim Do-it-yourself lohnt sich meist der Aufwand mit einem eigenen Hobby-Labor nicht. Zum anderen gibt die Untersuchungsanstalt anhand des Untersuchungsergebnisses konkrete Düngungsvorschläge (auf organischer oder mineralischer Basis). Auf Spurenelemente oder Schwermetalle sollte man nur bei begründetem Verdacht untersuchen lassen. Es kann teuer werden.

Phosphor, Kalium, Magnesium

Die Bodenanalyse ist deswegen so wichtig, weil die meisten mehrjährig bewirtschafteten Kleingärten überreich mit Nährstoffen versorgt sind. Kompostgaben und die Zugabe (organischer) Handelsdünger (oft Mehrnährstoffdünger) führen zur Anreicherung von Phosphor und Kalium im Boden. Besonders Phosphor-überdüngt sind offenbar Gärten, in denen mit Kleintiermist gearbeitet wird. Deswegen sollte vor der Düngung zuerst anhand der Bodenanalyse ein Düngeplan erstellt werden. Liegen die im Boden vorhandenen Nährstoffe über den Richtwerten (s. Ta-

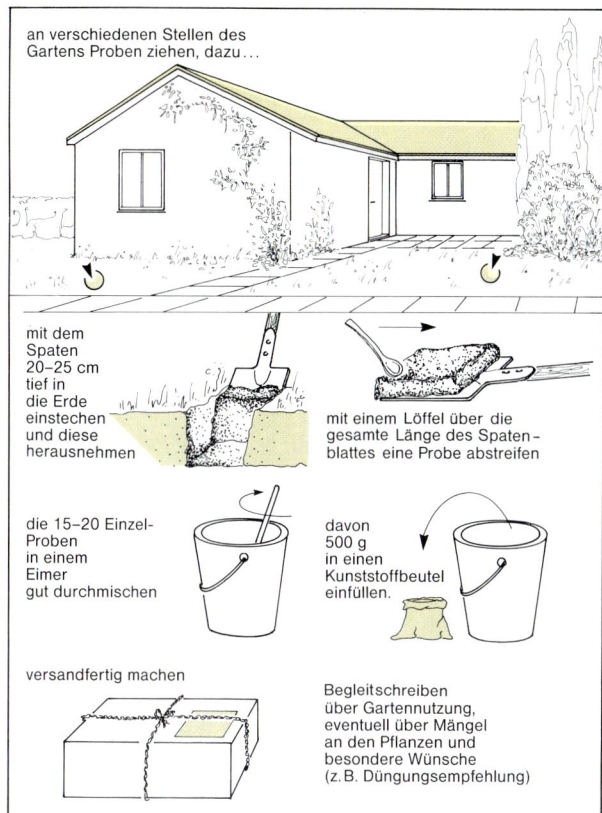

an verschiedenen Stellen des Gartens Proben ziehen, dazu...

mit dem Spaten 20–25 cm tief in die Erde einstechen und diese herausnehmen

mit einem Löffel über die gesamte Länge des Spaten- blattes eine Probe abstreifen

die 15–20 Einzel- Proben in einem Eimer gut durchmischen

davon 500 g in einen Kunststoffbeutel einfüllen.

versandfertig machen

Begleitschreiben über Gartennutzung, eventuell über Mängel an den Pflanzen und besondere Wünsche (z. B. Düngungsempfehlung)

Die Zeichnung zeigt, wie man Bo- denproben richtig zieht. Aus jedem Gartenteilstück stellt man eine neue Probe her. Zur Ermittlung des Dünger-Bedarfs sollte alle 2 Jahre eine Bodenprobe durchgeführt werden. Die Adressen der regionalen Unter- suchungsanstalten erfrage man beim Gartenamt.

belle), wird die Düngung mit dem ent- sprechenden Nährstoff eingestellt bzw. stark eingeschränkt. Liegen die Werte im Optimalbereich, so reicht in den fol- genden Jahren Kompostdüngung plus Mulchen plus Kräuterjauchedüngung völlig aus.

Liegt der Phosphorgehalt zu hoch, dürfen keine Mehrnährstoffdünger (sie- he Tabelle), kein Knochenmehl oder mineralische Phosphatdünger verwen- det werden.

Liegt der Kaliumgehalt zu hoch, sind ebenfalls keine Mehrnährstoffdünger, keine Holzasche oder mineralische Dünger mehr zu verwenden. Dies gilt so

lange, bis die Werte sich (nach mehre- ren Jahren) den Richtwerten nähern.

Bei einer optimalen Versorgung des Bodens mit allen Nährstoffen kann man mit Mehrnährstoffdüngern arbei- ten (falls kein Kompost zur Verfügung steht). Jedoch liegt bei vielen dieser Dünger der Anteil an Phosphor zu hoch. Die meisten Pflanzen verlangen ein Nährstoffverhältnis von $N : P_2O_5 : K = 1 : 0,5 : 1,5$. Bei der Daueranwen- dung von Mehrnährstoffdüngern über- steigt die Phosphorversorgung des Bo- dens das vernünftige Maß. Mit Einzel- nährstoffdüngern läßt sich gezielter ar- beiten.

Anzustrebende Nährstoffgehalte, Richtwerte in mg/100 g Boden				
Nährstoff			Freiland (Obstbau)	Gewächshaus
Phosphor	P_2O_5		25 (15)	30
Kalium	K_2O	leichte Böden	20 (15)	30
		schwere Böden	30 (20)	40
Magnesium	Mg		12 (10)	15
pH-Wert (je nach Ton u. Humusgehalt)			5,5–7	5,5–7
Humus			3–5	5-8

Wichtig bei jeder Düngung: Nicht nach dem Motto »viel hilft viel«verfahren – der Dünger muß für die entsprechende Fläche bemessen bzw. abgewogen werden.

Nachgewiesener Phosphormangel läßt sich mit dem organischen Dünger Knochenmehl oder dem mineralischen Thomasphosphat (Thomasmehl) ausgleichen. Bei Knochenmehl pro Jahr nicht mehr als 5 kg/Ar geben. Thomasphosphat, ein Nebenprodukt der Stahlerzeugung, enthält relativ schwach löslichen Phosphor. Der Kalk wirkt pH-Wert-anhebend. Die zusätzlich enthaltene Kieselsäure wirkt der Phosphorfestlegung entgegen. In einer Gabe können pro Jahr bis zu 10 kg/Ar gegeben werden. Das oftmals für den alternativen Anbau empfohlene Rohphosphat »Hyperphos« kann je nach Herkunft stark mit Cadmium angereichert sein.

Alle mineralischen Dünger, außer den stickstoffhaltigen (beim Bioanbau nicht zulässig), können im Spätwinter ausgebracht und mit der Frühjahrsbodenbearbeitung eingearbeitet werden.

Als kaliumreicher organischer Dünger wird vom Handel Buchenholzkohlengries oder Holzasche angeboten. Sie sind in Mengen von 2 bis 6 kg/Ar anzuwenden, enthalten aber manchmal unerwünschte Schwermetalle. Deswegen sollte man bei einem tatsächlichen Kaliumbedarf besser den mineralischen Dünger Kalimagnesia (30% Kali) verwenden. Pro Jahr sollte man davon nicht mehr als 10 kg/Ar geben. Geringe Mengen an Kalium sind auch in verschiedenen Gesteinsmehlen enthalten, die man für den langfristigen Gebrauch über den Kompost oder im Winter direkt auf den Boden gibt. Ein kalireiches Steinmehl ist »Phytosana«.

Bei einer Bodenanalyse sollten die Werte von Kalium zu Magnesium ein Verhältnis von 3:1 zeigen. Ein unharmonisches Verhältnis, vor allem zuviel Kalium, kann auf schweren Böden zu sichtbarem Magnesiummangel führen (Aufhellung der Blattspreiten). Abhilfe kann eine flüssige Blattdüngung mit Algenprodukten wie »Algan« (18 ml/Ar mit 8 l Wasser) oder »Algomin« (gleiche Konzentration) oder fein vermahlenem Gesteinsmehl wie »Eifelgold« schaffen. Langfristig sollte man aber versuchen, ein optimales Verhältnis von Kalium zu Magnesium entsprechend den oben aufgeführten Richtwerten herzustellen. Hilfe leisten magnesiumreiche Gesteinsmehle oder Algenkalke mit 3 bis 7% MgO.

pH-Wert und Kalkung

Voraussetzung für den Erfolg vieler anderer Düngungsmaßnahmen ist eine optimale Bodenreaktion, ausgedrückt durch den pH-Wert. Dieser Wert, angegeben in einem Zahlenbereich von 1 bis 14, drückt aus, ob die Bodenreaktion

Nährstoffgehalte von Düngern in %=kg Reinnährstoff je dt Dünger (nach Schlaghecken 1982)

	N	P_2O_5	K_2O	MgO	CaO	SiO_2
Kompost	0,5	0,5	0,5	0,3	2,5	
Kuhmist	0,4	0,2	0,6	0,1	0,5	
Pferdemist	0,5	0,3	0,4	–	0,2	
Hühnermist	1,5	1,5	1	–	3	
organische Handelsdünger						
Hornspäne, -gries, -mehl	14	5	–	0,3	6	
Knochenmehl	4	17	2			
Hornknochenmehl	7	17				
Blutmehl	14	1,3	0,7	0,2		
Siapton (Flüssigdünger)	10,2					
Buchenholzkohle			6–10			
Peru-Guano	6	12	2			
Oscorna-Animalin	6–7	9	1–2			
Manna-Spezial	1,7	1	3,1			
California	1,7	1	3,1			
Corfuna	1,5	0,7	1,2			
Biovegetal	3	3	3	0,4	4,5	
Rizinusschrot	6	2,5	1,5			
mineralische Handelsdünger für den Bioanbau						
Thomasphosphat	–	15	–	–	45	10–12
Kalimagnesia	–	–	30	8–10	–	–
Hüttenkalk	–	–	–	7–10	43–47	32
Algenkalk Algomin	–	–	–	2,5	32	4–5

Diese Tabelle erhebt keinen Anspruch auf Vollständigkeit.
Auch können die Gehalte organischer Düngemittel manchmal schwanken.

sauer (bis 7), neutral (7) oder alkalisch (über 7) ist. Das Optimum liegt im leicht sauren bis neutralen Bereich zwischen 6 und 7. Liegt der pH-Wert zu hoch oder zu niedrig, werden bestimmte Spurenelemente festgelegt oder im Überschuß freigesetzt. Beides wirkt sich negativ auf das Pflanzenwachstum aus.

Bei optimalem pH-Wert reicht es aus, alle 2 bis 3 Jahre eine Erhaltungskalkung durchzuführen. Dazu kann man im Winter bis zum Frühjahr etwa 5 kg/Ar Algenkalk »Algomin« oder Hüttenkalk ausbringen. Liegt der pH-Wert zu niedrig, wird die Menge verdoppelt. Liegt der pH-Wert zu hoch, bringt man »Meerwunder« mit etwa 5 kg/Ar aus. »Algomin« und »Meerwunder« bestehen aus Nordmeer-Algen und enthalten viele Spurenelemente. Während »Algomin« durchschnittlich 75 bis 80 % Calciumcarbonat und 10 bis 12 % Magnesiumcarbonat enthält und damit den pH-Wert erhöht, enthält »Meerwunder« Alginsäure, welche einen zu hohen pH-Wert herabsetzen kann. Die beiden Präparate sind Antagonisten (Gegenspieler) und dürfen nicht gleich-

Mineralischer	falscher Anwen-	ist nur langsam	bare Formen
Stickstoff-Dünger	dung ergibt es hohe	verfügbar und muß	umgewandelt wer-
ist leicht löslich,	Auswaschungsver-	durch Boden-	den. Er bringt kaum
kurzfristig	luste. Organisch ge-	organismen in	Auswaschungs-
aufnehmbar; bei	bundener Stickstoff	pflanzenaufnehm-	verluste.

zeitig verwendet werden. Auch Hütten-kalk ist reich an Spurenelementen, man sollte ihn deswegen gegenüber den anderen Kalkdüngern (»Dünge-kalk«) bevorzugen.

Stickstoff, der Hauptwachstumsmotor

Dreh- und Angelpunkt bei den Dünge-maßnahmen ist der Stickstoff, und gera-de hier ist man im Kleingarten auf den »grünen Daumen«, bzw. das Verstehen der Vorgänge im Boden und den Pflan-zen angewiesen.

Der Hauptnährstoff Stickstoff wird in der üblichen Bodenanalyse nicht mituntersucht. Für den Erwerbsanbau gibt es eine spezielle Untersuchung (N_{min}-Methode), mit deren Hilfe der vorhandene pflanzenverfügbare Ni-trat-Stickstoff gemessen wird. Für den Kleingarten ist diese Methode zu teuer. Sie gibt außerdem nur den momenta-nen Zustand an. Nitrat-Stickstoff wird nicht von den Tonteilchen des Bodens festgehalten. Nitrat (NO_3) wird über-wiegend rasch durch die Pflanzen auf-genommen oder durch Regen in den Unterboden und später ins Grundwas-ser ausgewaschen.

Mineralische und organische Düngung

Die Pflanzen nehmen Stickstoff nur in mineralischer Form und hier vor allem als Nitrat (NO_3) auf. Das Nitrat löst sich gut im Bodenwasser und wird daher schnell ausgewaschen. Auch Ammo-nium (NH_4) nehmen die Pflanzenwur-zeln direkt auf. Es ist aber viel langsa-mer verfügbar. Das meiste NH_4 wird durch bestimmte Bakterien zu Nitrat umgewandelt.

Bei der konventionellen minerali-schen Stickstoffdüngung erhalten die Pflanzen wasserlösliche, schnell verfüg-bare Dünger wie Kalksalpeter, Kalkam-monsalpeter oder stickstoffhaltige Mehrnährstoffdünger (Blaukorn etc.). Ein Nachteil bei der mineralischen Stickstoffdüngung ist die schnelle Dün-gewirkung, die sich nicht immer dem Wachstumsrhythmus der Pflanzen an-passen läßt. Vor allem im Kleingarten werden die Pflanzen mit Stickstoff überernährt, da eine genaue Berech-nung der Düngermengen nicht möglich erscheint. Es kommt dann zu hohen Ni-tratgehalten in den Pflanzen und im Bo-den sowie zur Nitratauswaschung (ins Grundwasser). Zudem wird das Boden-leben durch eine vorübergehende hohe Salzkonzentration durch die Mineral-dünger beeinträchtigt.

Bei der organischen Stickstoffdün-gung im Bioanbau schlägt man einen Umweg über die Bodenbakterien ein. Das heißt: In allen organischen Stoffen wie Grünmasse, Kompost, Mist und or-ganischen Stickstoffdüngern liegt der Stickstoff in gebundener Form vor. Er wird erst durch bestimmte Bakterien in pflanzenaufnehmbare mineralische Formen wie NH_4 und NO_3 umgewan-delt (vgl. Abb. Seite 47). Dadurch ent-steht eine langsam fließende Stickstoff-quelle für die Pflanzen. Die Auswa-schungsverluste sind meist geringer.

Allerdings kann es bei der organi-schen Stickstoffdüngung auch Nachtei-le geben. Die Umwandlung (Minerali-

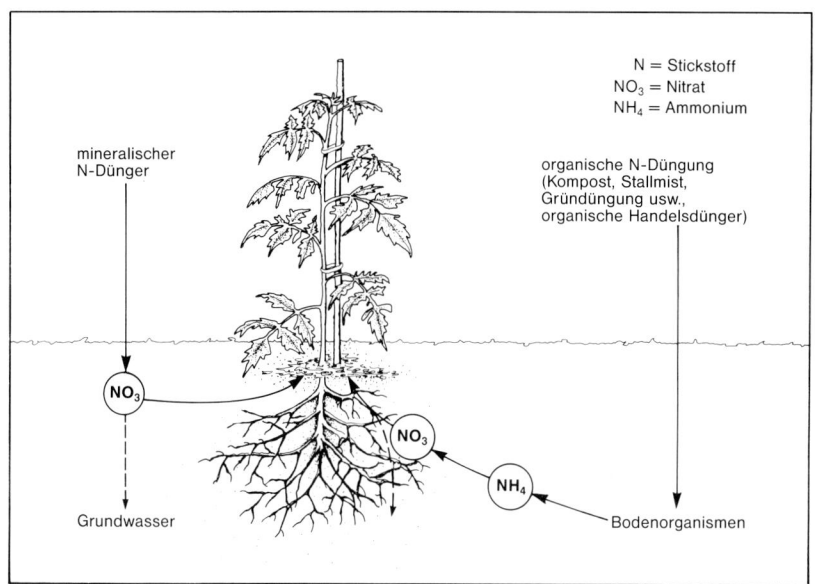

N = Stickstoff
NO$_3$ = Nitrat
NH$_4$ = Ammonium

mineralischer
N-Dünger

organische N-Düngung
(Kompost, Stallmist,
Gründüngung usw.,
organische Handelsdünger)

NO$_3$

NO$_3$

NH$_4$

Grundwasser

Bodenorganismen

sierung) durch die Bodenbakterien hängt sehr vom Wetter ab. Ist es zu kalt, zu naß oder zu trocken, wird kein oder zu wenig Stickstoff freigesetzt. So kann bei stärker zehrenden Pflanzen (einige Gemüsearten, Rasen) vor allem im Frühjahr Stickstoffmangel auftreten. Trotzdem raten wir für den Kleingarten zur organischen Düngung! Sie ist einfacher zu handhaben und die Fehler, die hierbei auftreten können, sind weniger schwerwiegend als bei mineralischer Düngung. Mittelstarkzehrende und schwachzehrende Gemüse sowie Obst und alle Beetstauden werden durch organische Düngung stets ausreichend mit Stickstoff versorgt.

Kostenlose Stickstofflieferung durch Leguminosen

Eine wichtige Stickstoffquelle für den Biogarten stellen die Leguminosen, die Hülsenfrüchtler, dar. Aus dem nahezu unerschöpflichen Stickstoffvorrat der Luft (etwa 79 Volumenprozent N$_2$) wandeln bestimmte Bakterien (Knöllchenbakterien) im Zusammenleben mit den Leguminosen den Luftstickstoff (N$_2$) in organisch gebundenen Stickstoff um. Die Bakterien dringen in die Wurzelhaare der Pflanzen ein und veranlassen sie, dort Knöllchen zu bilden. Die Pflanze versorgt die Knöllchenbakterien mit Nahrung, während die Bakterien den Luftstickstoff organisch binden. Die meisten stickstoffsammelnden Bakterien verringern ihre Tätigkeit bei einer mineralischen Stickstoffdüngung. Dagegen fördert sie Steinmehl. Bekannte Leguminosen sind Erbsen, Bohnen, Dicke Bohnen (Pferdebohnen, Saubohnen, Ackerbohnen), Klee, Wicken, Lupinen. Je nach Pflanzenart sammeln die Bakterien 30 bis 200 kg Stickstoff je ha und Jahr. Etwa 50 % davon steht im darauffolgenden Jahr der Folgekultur zur Verfügung. Der Rest wird dann nach und nach in pflanzenaufnehmbaren Stickstoff (NH$_4$ oder NO$_3$) umgewandelt. Leguminosen werden als Kulturpflanzen oder als Gründüngung in der Fruchtfolge vor einer Starkzehrerkultur angebaut.

Gründüngung

Dies ist eigentlich keine Düngeform im üblichen Sinne des Wortes. In erster Linie wird damit dem Boden »etwas Gutes« getan. Die angebauten Pflanzen aktivieren die Bodenorganismen. Beim Einarbeiten des organischen Materials in die obere Bodenschicht wird die Grünmasse von den Bodenbakterien mineralisiert, der Stickstoff kommt den nachfolgenden Kulturen zugute. Die Gründüngung ist auch als Lückenbüßer gedacht, um den Boden ständig bedeckt zu halten und so vor Erosion zu schützen. Zwar ist der Boden im Mischkulturanbau sehr lange und oft ganzjährig mit Pflanzen bedeckt, doch gibt es immer wieder freie Flächen, die man dann mit Gründüngungspflanzen besät. Insbesondere Lupinen können den Boden bis in tiefere Schichten lockern und so den Wasser- und Lufthaushalt des Bodens verbessern. Langfristig wird die Humusbildung gefördert.

Die Auswahl der Gründüngungspflanzen hängt von verschiedenen Faktoren ab: von der Jahreszeit, davon, ob sie Stickstoff bringen soll oder viel Grünmasse, ob sie nur den Boden lockern oder nur hübsch aussehen soll.

Eine nett aussehende, schnellwach-

Empfehlenswerte Gründüngungsarten (nach Voitl et al. 1980)					
Pflanzenart	Monat	Aussaatmenge in g/Ar	Saattiefe in cm	Kulturdauer	Bemerkungen
Kurzkulturen					
Phacelia	ab III – E VIII	150–200	1–1,5	6–9 Wo	Bienenweide, gute Bewurzelung
Ackerbohne	ab II/III	1500	8–10	8–10 Wo	relativ frosthart, frühe Saat möglich; Stickstoffsammler, tiefwurzelnd
Spinat	ab III–X (Wintersorten)	300–500	1–2	4–7 Wo	auch als Mischkultur oder Untersaat; nicht zu, vor oder nach Roten Beten oder Mangold

Kurzkulturen, nicht für den Gemüsegarten

Ölrettich	III–A IX	300	2–3	5–8 Wo	sehr guter Tiefwurzler
Gelbsenf	III–M IX	200–500	1–2	3–5 Wo	raschwachsend, rechtzeitig abmähen
Sommerraps	III–M VIII	120	1–2	6–8 Wo	rechtzeitig abmähen

Halb- oder ganzjährige Gründüngung

Alexandriner-/ Perserklee	III–M VIII	500–600	1–2	6–9 Wo	mehrmals abmähen
Gemisch aus Erbsen/Wicken/ Hafer	III–M VIII	2500	3–4	8–12 Wo	nicht vor oder nach Leguminosen
Platterbsen	IV–A IX	1500–2500	3–5	6–9 Wo	gute Stickstoffsammler, auch als Untersaat
Sommerwicke	IV–A IX	1000	3–4	6–8 Wo	guter Stickstoffsammler
Bitterlupinen	IV–A VIII	2000	2–3	9–10 Wo	Tiefwurzler, guter Stickstoffsammler

Wintergründüngung

Landsberger Gemenge	bis M IX	700–	2–3	bis E IV	gut vor Kartoffeln
Winterroggen	bis E X	1800–2500	1–3	bis E IV	gut für Spätsaat
Winterrübsen, Winterraps	bis M X	200	1–2	bis E IV	nicht für den Gemüsegarten; Tiefwurzler

sende Gründüngung für den Sommer ist die Bienenfutterpflanze Phacelia. Sie kann überall integriert werden, und ihr Saatgut ist billig. Sie eignet sich gut für den Fruchtwechsel, da sie mit keiner Kulturpflanze verwandt ist.

Die stickstoffsammelnden Leguminosen sind am wirksamsten in einer Mischung, entweder als reine Leguminosenmischung oder in Mischung mit Gräsern. Sie werden je nach Art von März bis August gesät, im Gemüsegarten am besten vor Starkzehrern. Allerdings wachsen Leguminosen langsam, und ihr Saatgut ist relativ teuer. Es gibt auch winterharte Leguminosen (Winterwicken), die zur Wintergründüngung am besten im Gemisch mit Gras- oder Getreidearten bis Ende August gesät werden. Nicht winterharte Grün-

ist sie auch eine
wichtige Grün-
düngungspflanze
und gibt den
Bienen Nahrung.

düngungspflanzen aller Arten kann man bis August säen. Sie erfrieren dann beim ersten Frost und bleiben als schützende Bodendecke den Winter über liegen. Zur Bodenlockerung bei Gartenneuanlagen empfiehlt sich nach einer mechanischen Bodenlockerung (am besten im Hochsommer) die Einsaat von Lupinen *(Lupinus polyphyllus)*.

Auch dichtgesäte Blumen können als Gründüngung dienen wie Sonnenblumen, Ringelblumen, Studentenblumen, Kapuzinerkresse, Wicken, Borretsch und andere. Man kann sie nach und nach von Beet zu Beet aussäen. Hieran erfreuen sich menschliches Auge, Insekten und Bodenorganismen. Es gibt auch fertige Gründüngungsmischungen mit Blumen zu kaufen.

Die häufig empfohlenen Kreuzblütler Senf und Raps (und auch Kresse) eignen sich im Gemüsegarten nicht als Gründüngung. Dort gibt es schon mehr als genug Kreuzblütler (alle Kohlarten, Rettich und Radies). Eine Gründüngung aus der gleichen Pflanzenfamilie kann Krankheiten, insbesondere die Kohlhernie, fördern. Eine Gründüngungskultur soll immer als Fruchtwechsel dienen.

Im Gemüsegarten eignen sich auch Nahrungspflanzen wie Spinat oder Feldsalat als Untersaat oder Gründüngung. Dem Fruchtwechsel kommen Getreidearten entgegen, da sie mit keiner Gemüsepflanze (außer Zuckermais) verwandt sind. Da man im Gemüsegarten ungern auf Produktionsfläche verzichtet, bietet sich eine Überwinterungsgründüngung mit Wintergetreide an. Es kann bis Mitte-Ende Oktober gesät werden. Überwinterungspflanzen

halten den Stickstoff fest, verhindern also die winterliche Auswaschung von Nitrat ins Grundwaser.

Das Saatgut von Getreide ist relativ billig. Getreide bildet viel organische Masse und unterdrückt Unkräuter. Sein dichter Wurzelfilz läßt sich allerdings ohne Maschine schwer einarbeiten. Ebenfalls eine gute Bodenbedeckung und zudem Stickstoffsammler ist das Landsberger Gemenge, das aus 50% Welschem Weidelgras, 20% Winterwikken und 30% Inkarnatklee besteht.

Da von den Gründüngungspflanzen kein Ertrag erwartet wird, sondern nur die Nutzung des biologisch-technischen Vorteils im Vordergrund steht, braucht man diese Pflanzen nicht zu düngen. Gerade beim Nachbau im intensiv genutzten Hausgarten sind noch ausreichend Nährstoffe, insbesondere Stickstoff vorhanden, den diese Pflanzen nutzen sollen.

Pflanzenjauchen versorgen den Boden mit organischen und mineralischen Aufbaustoffen und aktivieren das Bodenleben.

Einarbeiten von Gründüngung

Sehr wichtig erscheint die richtige Einarbeitung der Gründüngung. Werden zu große, noch grüne Pflanzenmassen vergraben, muß mit Kulturschäden gerechnet werden, da die organische Masse unter Luftabschluß fault. Der Boden kann kein frisches Grün verdauen. Es entstehen Sperrschichten für den Wasser- und Nährstofftransport. Deshalb muß die Gründüngung abgemäht werden, bei Blütenpflanzen am besten kurz vor der Blüte. Zum Mähen eignet sich ein starkmotoriger Rasenmäher, Balkenmäher oder eine Sense. Danach muß die Grünmasse antrocknen und wird dann mit einem Krail oder einem Grubber in die obere Bodenschicht (10 bis 15 cm) eingearbeitet. Bei großen Mengen oberirdischen Grünmaterials kann dieses auch abgeharkt und zum Mulchen oder für den Komposthaufen verwendet werden. Bei Gründüngungsarten mit starkem Wurzelfilz werden die Wurzeln mit einer Pendelhacke unter der Bodenoberfläche abgeschnitten oder mit einer Hacke gekappt.

Selbsthergestellte Flüssigdünger

Durch Vergären von Pflanzenteilen kann man sich selbst flüssige Düngemittel herstellen. Die meisten Zutaten bietet uns die Natur. Neben dem Düngeeffekt kann man mit bestimmten Pflanzenjauchen Schädlinge vertreiben oder auch Krankheiten vorbeugen (s. Seite 66 ff.). Pflanzenjauchen sind eine wertvolle Ergänzung zur Bodenernäh-

rung mit Kompost, Mulch und Gründüngung. Sie versorgen den Boden und die Pflanzen mit organischen und mineralischen Aufbaustoffen und aktivieren das Bodenleben.

Als Jauchegefäße dienen Fässer oder große Eimer aus Holz, Ton, Steingut oder Plastik. Die Gefäße werden etwa zur Hälfte mit zerkleinerten Kräutern befüllt und dann mit Regen-, Brunnen- oder Leitungswasser bis 5 cm unter den Rand gefüllt. Bei der Verwendung von getrockneten Kräutern (im Frühjahr) nimmt man 1 Teil Kräuter auf 9 Teile Wasser. Das Jauchegefäß wird zum Schluß mit einer luftdurchlässigen Abdeckung versehen, z. B. einem Jutesack, Holzrost oder Drahtgeflecht. Zur Förderung des Gärungsprozesses wird die Jauche täglich kräftig gerührt, um Sauerstoff hineinzubringen und die Geruchsbildung etwas zu mildern. Laufende Beimengung (etwa 1 Handvoll pro

51

10 l Flüssigkeit) von Gesteinsmehl oder ein paar Tropfen Baldrianblütensaft helfen zusätzlich gegen unangenehme Gerüche. Jauchegefäße sollen warm und sonnig aufgestellt werden. Während des Gärungsprozesses schäumt die Flüssigkeit. Die Jauche ist reif, das heißt verwendungsfähig, wenn das Schäumen aufgehört hat. Je nach Temperatur dauert dieser Vorgang 2 bis 3 Wochen.

1 l fertige Jauche wird je nach Empfindlichkeit der Pflanzen mit 5 bis 10 l Wasser verdünnt und am frühen Morgen oder späten Abend zur Düngung an, nicht über die Pflanzen gegossen. Vor allem starkzehrende Gemüse sollten alle 2 bis 4 Wochen verdünnte Jauche erhalten. Auch einjährige Sommerblumen, Stauden, Rosen, Beerensträucher und Obstbäume dürfen ab und zu diese Düngung erhalten. Schwachzehrer und Wurzelgemüse nicht mit Jauche gießen! Die Jauche kann man wochen-, sogar monatelang aufbewahren, wobei

ihre Düngewirkung mit zunehmendem Alter abnimmt (dann mit weniger Wasser verdünnen).

Die bekannteste Pflanzenjauche wird aus Brennesseln hergestellt. Den höchsten Gehalt an Nährstoffen (N, P, K) und damit auch den besten Wachstumseffekt bringt die Jauche aus Frühjahrs-Brennesseln (Ernte Ende Mai). Die zehnfache Verdünnung ergibt die beste Wirkung auf die Pflanzen. Höhere Konzentrationen können die Wurzelentwicklung hemmen und Blattverbrennungen hervorrufen.

Ähnlich in der Wirkung ist eine Jauche aus Comfrey/Beinwell (*Symphytum officinale* und *S. peregrinum*). Man kann verschiedene Kräuter zur Jaucheherstellung mischen, z. B. im Frühjahr Brennessel, Comfrey, Schnittlauch, Löwenzahnblätter, Kamille, Sauerampfer, Schachtelhalm; später können Kohlblätter und Tomatentriebe mitverwendet werden. Im Herbst kann man eben-

falls eine gemischte Kräuterjauche ansetzen, die im Nachwinter auf den Boden gegossen wird. Sie dient als Vorratsdünger für Erdbeeren, Rosen, junge Bäume und für die kommenden starkzehrenden Gemüsearten. Stark verdünnt gibt diese Jauche einen guten Start für Jungpflanzen. Allgemein schädlingsabwehrend wirkt eine Jauche aus Rhabarberblättern, Rainfarn und Eichenblättern. Krankheitshemmende Wirkung besitzt die Komposition aus Ackerschachtelhalm, Birkenblättern, Farnkraut, Zwiebeln und Knoblauch.

Stein-, Ton- und Algenmehle

Diese Mehle stellen keine direkten Düngemittel, sondern Bodenverbesserungsmittel dar. Sie enthalten viele Spurenelemente. Wenngleich man davon nicht alle als eigentliche Pflanzennährstoffe betrachtet, so scheinen sie doch im Pflanzenleben eine ähnliche Rolle zu spielen wie die Vitamine beim Menschen.

Als Stein- oder Gesteinsmehl wird die feinvermahlene Form verschiedener Gesteinsarten bezeichnet. Es handelt sich um Granit- und Basaltgesteine und dem Lavagestein, einer Unterart des Basalts. Granite weisen einen etwas höheren Silikat-(Kieselsäure-)Gehalt auf. Vor allem der Kieselsäure wird der positive Effekt dieser Gesteinsmehle zugeschrieben. Diese Substanz festigt das Zellgewebe der Pflanzen, erhöht die Standfestigkeit, verstärkt die Abwehrkräfte gegen Schädlinge und Krankheiten. Neben der chemischen Zusammensetzung, die von Steinbruch zu Steinbruch differiert, ist der Vermahlungsgrad maßgebend. Grob vermahlene Produkte sind billig, wirken aber sehr langsam. Sie fühlen sich wie feiner Sand an, sind grau bis mittelbraun. Sie eignen sich als Kompost- und Boden-

Nährstoffgehalt einiger Gesteinsmehle in % = kg Reinnährstoff je dt Steinmehl (nach Bundesverband Naturstein-Industrie 1984)

Gesteinsart	P_2O_5	K_2O	Mg	CaO	SiO_2
Basalt	0,2–1,2	0,8–2,7	8–18	4–14	39–53
Lava	0,7–1,0	4,0–5,5	8–11	11–14	41–43
Phonolit	0,1	2,5–4,7	1	6–8	53–61
Diabas	0,1–0,2	0,2–1,3	5–16	5–23	43–49
Porphyrit	0,1–0,9	1,4–3,6	3–4	3–5	56–61
Quarzporphyr	–	5,2–9,8	0,2–0,7	0,1–3	70–75

verbesserung, insbesondere bei schwerem, kaltem und nassem Boden (Anwendungsmenge bis 10 kg/Ar). Fein vermahlene Produkte sind teurer, wirken aber schnell. Teuer ist dabei relativ, da sie eine sparsamere Anwendung ermöglichen. Bei dem weißgrauen, feinen Steinmehl ist kaum noch eine Körnerform sicht- oder fühlbar. Feinmehle finden Verwendung bei der Blattdüngung (in Wasser aufgelöst) und im Pflanzenschutz (s. Seite 65).

Ultrafein vermahlenes Mehl ist fast weiß und mehlweich. Dazu gehören auch gewisse Tonmehle, die unter dem Namen »Bentonit« gehandelt werden. Sie dienen der Verbesserung leichter Böden. Tone quellen auf, verbessern die Wasser- und Nährstoffhaltefähigkeit und fördern die Ton-Humus-Komplexbildung.

Gesteins- und Tonmehle dienen in geringem Maß als Nährstofflieferanten, können zudem durch ihre Struktur Nährstoffreserven festhalten und unangenehme Gerüche binden (deswegen als Zusatz zum Kompost und zu Jauchen). Sie neutralisieren zu saure, aber auch zu alkalische Böden. Ihre Inhaltsstoffe nutzen die Bodenlebewesen als Nahrung, sie werden dabei in den Ton-Humus-Komplex eingebunden. Sie tragen zur Bodenlockerung und -erwärmung bei.

Die Mehle werden bei allen Gehölzen, Blumen und Kräutern mit 10 kg/Ar in einer oder auf zwei Gaben verteilt gegeben. Bei starkzehrenden Gemüsen gibt man sie in zwei- bis dreifacher Dosierung direkt zur Kultur. Bei Feinstmehlen verwendet man nur zwei Drittel der angegebenen Menge. Bei sehr sandigen, wasserdurchlässigen Böden sollte man Feinstmehle in normaler Dosierung verabreichen. Dagegen verwendet man bei sehr tonhaltigen Böden besser etwas gröbere Mehle in nur zwei Drittel Menge, bei sauren, stark humosen Böden wieder Feinmehle in um ein Drittel erhöhter Dosierung. Anwendungszeitpunkte sind Frühjahr und Herbst.

Mehle aus Meeresalgen (aus Korall-*Algen*, nicht aus Korallen) fördern wie die Gesteinsmehle die Widerstandskraft der Pflanzen gegenüber Krankheiten und Schädlingen, außerdem regen sie die Tätigkeit der Bodenorganismen an. Zusätzlich sollen sich Geschmack und Gesundheitswert der Gemüseprodukte steigern. Der Handel bietet verschiedene Produkte an wie »Algomin«, »Meerwunder«, »Alginure« und das voll wasserlösliche »Algifert« und »Algan«. Die pulvrigen Meeresalgen werden im Herbst (»Meerwunder«) oder Frühjahr (»Algomin«) gestreut. Die flüssigen spritzt oder gießt man von Mai bis August alle 3 bis 4 Wochen.

Gesunderhaltung der Pflanzen

Optimale Kulturbedingungen

Natürlich können auch im Biogarten Krankheiten und Schädlinge auftreten, und man wird unter Umständen zu selbst hergestellten oder käuflichen Pflanzenschutzmitteln greifen müssen. Doch dieser direkte Pflanzenschutz sollte die Ausnahme darstellen. Vorrangig geht es um die bestmögliche Gesunderhaltung der Pflanzen, damit ein Einsatz von Pflanzenschutzmitteln erst gar nicht notwendig wird.

Schädigungen an den Pflanzen durch Insekten, Pilze oder andere treten meist dort auf, wo die Pflanzen nicht zügig oder unharmonisch wachsen. Für ein Ungleichgewicht können die Umweltfaktoren Wärme, Wasser und Licht oder die Mineralstoffe verantwortlich sein. Zur Schaffung optimaler Kulturbedingungen gehören die in den vorangegangenen Kapiteln genannten Maßnahmen: Förderung der Bodenorganismen, Kompost- und Mulchwirtschaft, optimale Düngung, schonende Bodenbearbeitung, Schaffung naturnaher Lebensräume zur Ansiedlung möglichst vieler Nützlinge.

Die Pflanzen werden zusätzlich mit Kräuterextrakten (s. Tabelle Seite 66 ff.), kieselsäurehaltigen Fertig-Präparaten oder auch fertigen Kräuterextrakten gestärkt. Vorbedingung zur Gesunderhaltung der Pflanzen ist die richtige Standortwahl für die jeweilige Art. Exotische Pflanzen sind in unserem Klima von vornherein anfällig. Auch wenn man Pflanzen für leichten Boden auf schweren Boden oder sonnenbedürftige Arten in den Schatten pflanzt und umgekehrt, sind hiermit gleich zu Anfang ungünstige Bedingungen gegeben, die Krankheiten und Schädlinge begünstigen.

Gutes Wachstum beginnt mit Qualitätssaatgut. Beim Saatguteinkauf auf das Haltbarkeitsdatum auf der Samentüte achten. Echter »Bio-Samen« ist nur selten erhältlich. Es müßte Saatgut von Pflanzen sein, die im biologischen Anbau herangezogen und von Fachleuten selektiert wurden. Maßgebend für den Kulturerfolg ist auch die Sortenwahl, passend zum Standort und den klimatischen Gegebenheiten. Resistente oder widerstandsfähige Sorten haben Vorrang. Man sollte beim örtlichen Kleingartenverein oder Gartenamt nach empfehlenswerten Sorten fragen.

Besonders für die Keimung sind optimale Bedingungen wichtig. Für rasches Auflaufen ist zu sorgen. Für die eigene Jungpflanzenanzucht in Gefäßen oder Kisten darf als Substrat nur gut ausgereifter Kompost, mit Sand vermischt, verwendet werden.

Bei der Pflanzung ist auf den optimalen Standraum für die jeweiligen Pflanzen zu achten. Insbesondere bei der Mischkultur dürfen sich die Pflanzen nicht gegenseitig behindern.

Auch die Witterung übt einen maßgebenden Einfluß auf die Kultur aus. Hier muß das gärtnerische Fingerspitzengefühl ein Zuviel oder Zuwenig an Wärme und Wasser ausgleichen.

Fruchtfolge

Der Anbau nur weniger Kulturarten oder sogar nur einer (Monokultur) führt zu einer Verarmung des Bodens

Fruchtfolgeplan

	1. Jahr	2. Jahr	3. Jahr
Beet 1	nach guter Bodenvorbereitung und etwa 5 kg Kompostdüngung pro m^2 stehen hier **Starkzehrer** wie Kohlarten, Gurken, Tomaten, Porree, Kartoffeln, Kürbisarten	die starkzehrenden Kulturen haben letztes Jahr viele Nährstoffe entzogen; deshalb stehen dieses Jahr die **Mittelstarkzehrer**; eventuell gibt man 2 kg Kompost pro m^2	die Nährstoffreserven sind ziemlich verbraucht; deshalb ist dieses Beet jetzt für **Schwachzehrer** geeignet; als Ausgleich folgt danach eine Gründüngung
Beet 2	hier beginnt die Fruchtfolge mit den **Mittelstarkzehrern** wie Rote Bete, Sellerie, Rettich, Radies, Salatarten, Schnittlauch, Schwarzwurzzeln, Einjahresblumen, Erdbeeren; man kann etwa 2 kg Kompost pro m^2 geben	es folgen die an Dünger anspruchslosen **Schwachzehrer**, anschließend wird eine Ausgleichsgründüngung eingebaut	die Fläche wird mit 5 kg Kompost pro m^2 und eventuell mit organischen Düngern versorgt und danach die **Starkzehrer** angebaut
Beet 3	die an Dünger anspruchslosen **Schwachzehrer** stehen am Anfang der Fruchtfolge: Erbsen Bohnen, Möhren, Kräuter. Anschließen kann eine Gründüngung: Phacelia oder über Winter ein Gras oder Getreide	der Boden wird nun mit Kompost und eventuell mit organischen Düngern versehen, so ist er für den Anbau von **Starkzehrern** gut vorbereitet	trotz viel entzogener Nahrung ist der Boden noch ausreichend für den Anbau von **Mittelstarkzehrern** versorgt; eventuell gibt man 2 kg Kompost pro m^2

durch einseitigen Nährstoffentzug und bietet außerdem einen guten Nährboden für die Entwicklung einzelner Schadpopulationen (Pilze, Nematoden, Insekten, Unkräuter). Außerdem wirken die von den Pflanzenwurzeln bei der Zersetzung freiwerdenden Stoffe wachstumshemmend auf die nachfolgende gleiche Pflanzenart; es kommt zur sogenannten Bodenmüdigkeit. So stellt eine ausgewogene Fruchtfolge einen vorbeugenden Schutz gegen Krankheiten und Schädlinge dar. Die Fruchtfolge gilt besonders für das Gemüse, aber auch für einjährige Kräuter, Erdbeeren oder Einjahresblumen.

Neben der Aufeinanderfolge der Pflanzen in Abhängigkeit von ihrer

Pflanzenfamilien

Kreuzblütler *(Cruciferae)*	Kohlarten, Rettich, Radies, Senf, Raps
Doldenblütler *(Umbelliferae)*	Sellerie, Möhren, Fenchel, Pastinaken, Petersilie, Kümmel, Dill, Anis, Liebstöckel
Hülsenfrüchtler *(Leguminosae)*	Erbsen, Bohnen, Linsen, Lupinen, Wicken, Klee
Kürbisgewächse *(Cucurbitaceae)*	Kürbisse, Gurken, Melonen, Zucchini
Nachtschattengewächse *(Solanaceae)*	Tomaten, Paprika, Auberginen, Andenbeeren, Kartoffeln
Liliengewächse *(Liliaceae)*	Zwiebeln, Porree, Schnittlauch, Knoblauch, Spargel
Korbblütler *(Compositae)*	Salatarten, Schwarzwurzeln, Sonnenblumen, Topinambur, Margariten, Kamille, Ringelblumen, Studentenblumen, Löwenzahn
Gänsefußgewächse *(Chenopodiaceae)*	Spinat, Mangold, Rote Bete
Knöterichgewächse *(Polygonaceae)*	Rhabarber, Sauerampfer
Baldriangewächse *(Valerianaceae)*	Feldsalat
Portulakgewächse *(Portulacaceae)*	Winterpostelein, Portulak
Gräser *(Gramineae)*	Zuckermais, Getreide, Gräser
Rosengewächse *(Rosaceae)*	Erdbeeren, Himbeeren, Brombeeren, Quitte, Apfel, Birne, Kirsche, Pflaume, Pfirsich, Aprikose, Rosen
Steinbrechgewächse *(Saxifragaceae)*	Johannisbeeren, Stachelbeeren

Nährstoffbedürftigkeit sind weitere Punkte bei der Fruchtfolgegestaltung zu beachten. Als Wichtigstes sind Pflanzenart und Familie zu berücksichtigen. Nie sollen die gleichen Pflanzenarten oder auch Pflanzen aus der gleichen Familie nacheinander angebaut werden (s. Tabelle).

Zusätzlich kann abgewechselt werden zwischen
- Blütenpflanzen (Zierpflanzen, blühende Gründüngung), Blattpflanzen (Salatarten, Spinat, Porree, Kohl), Wurzelpflanzen (Sellerie, Möhren, Rettich, Radies, Schwarzwurzeln, Rote Bete, Zwiebeln, Kartoffeln, Topinambur) und Fruchtpflanzen (Gurken, Kürbisarten, Melonen, Tomaten, Paprika, Auberginen, Erbsen, Bohnen, Erdbeeren)

- Tiefwurzlern (Kopfkohl, Rosenkohl, Porree) und Flachwurzlern (Salate, Spinat, Erbsen)
- Kulturen, die viel (Porree, Sellerie) oder wenig organische Masse im Boden hinterlassen
- Stickstoffsammlern (Leguminosen) und Stickstoffzehrern (Starkzehrer).

Mischkultur

Im Kleingarten werden Kulturarten mit verschiedenen Reifezeiten und teilweise auch unterschiedlichen Nährstoffansprüchen auf dem gleichen Beet angebaut. So wachsen Flach- und Tiefwurzler nebeneinander und bewirken durch den unterschiedlichen Wurzeltiefgang eine Nutzung des Wasser- und Nähr-

Mischkulturtabelle nach Gruno
(näherer Hinweis bei den Bezugsquellen
auf Seite 124)

⊞ besondere Förderung
⊵ Ertragssteigerung
① gegen Erdflöhe
② gegen Kohlweißling (siehe auch → ☐)
③ gegen Läuse (Schwarze Bohnenlaus, Grüne Blattlaus)
④ gegen Möhrenfliege (siehe auch ▲)
④ gegen Möhrenfliege und Lauchmotte
⑤ gegen Monilia (Fruchtfäule) bei Obst
⑥ gegen Schnecken (kein Schneckenkorn nehmen, Igel stirbt)
⑦ mit Senf in Mischkultur gegen Erbsenkäfer
⑧ gegen Spargelfliege (siehe auch L)
⑨ Flach- und Tiefwurzler
Ⓐ Gurke blüht, fruchtet aber nicht (Blüten werden taub)
Ⓑ betrifft die buschförmige Sorte der genannten
   Pflanzenart
Ⓓ Salatreihen zwischen zarten, fleischigen Wurzelgemüsen ködern Drahtwurm (= Schnellkäferlarve)
Ⓔ Salatreihen als Engerlingsköder
Ⓖ gegen Grauschimmel bei Erdbeeren
Ⓛ gegen Lauchmotte
Ⓜ gegen Mäuse
Ⓝ gegen Nematoden
Ⓡ als Randpflanzung
Ⓥ Knoblauchzehenstücke in Beerensträucher hängen, schützen Knospen vor den Vögeln
Ⓦ hohe Pflanzen geben Partner Windschutz
☒ möglichst nicht nebeneinander, sie kreuzen sich
⌣ Aromaverbesserung
⌢ Geschmacksverschlechterung
⊟ gegen Zwiebelfliege
Ⓠ nur in den ersten 2 Jahren
⊡ mit Kerbel zusammen gegen Erdflöhe, Schneckenfraß, Läuse und Mehltau
⊞ gegen sonstige Schädlinge
◮ mit Radieschen zusammen gegen Möhrenfliege,
   Zwiebelfliege und Erdflöhe
⊎ mit verjauchtem Tomatenkraut spritzen gegen 2,
   wenn keine Mischkultur mit Tomate
⊔ betrifft die frühe Sorte der genannten Art
⊠ gegen Kräuselkrankheit bei Pfirsich
⊺ siehe Pflanze in der senkrechten Spalte
⊟ siehe Pflanze in der waagrechten Spalte
⊡ gut als Vorfrucht vor → (waagrechte Spalte)
⊡ gut als Vorfrucht vor ↑ (senkrechte Spalte)
⊡ wie vorher, aber Mischkultur auch günstig
◪ nicht gut als Vorfrucht vor ↑
◪ nicht gut als Vorfrucht vor →
Ⓤ ist mit sich selbst (im Alleinanbau) unverträglich
⊡ gedeiht besonders gut immer auf derselben Stelle

☐ gute Wirkung

▨ ungünstige Wirkung

☐ neutral

58

Companion planting compatibility chart.

	Wurzelpetersilie	Sellerie	Rote Bete	Schwarzwurzeln	Rettich	Radies	Pastinaken	Möhren (Herbst)	Kartoffeln	Karotten + Sommermöhren	Herbstrüben	Chicoree	Zucchini	Paprika	Tomaten	Melonen	Mais	Kürbis	Gurken	Auberginen	Artischocken	Stangenbohnen	Sojabohnen	Erbsen	Dicke Bohnen	Buschbohnen	
	Wurzelgemüse												**Fruchtgemüse**									**Hülsenfrüchte**					
																											Baldrian
																											Beerensträucher
			∩																			v³			v³	v³	Bohnenkraut
																											Borretsch
		↙+										1			↙							✕					Buschbohnen
																											Calendula (=Ringelbl.)
																						↙B	U				Dicke Bohnen
								4		4	1											3			3	3	Dill
		↙						+																7			Erbsen
																										+	Erdbeeren
																											Fenchel
		9		□													>	W R	∩			W					Gurken
																											Himbeeren
															↙												Kamille
															∩			↓↑							R		Kartoffeln
		2													2			R↑				2			↓	↓2	Kohlarten
			+												—												Kohlrabi
		↙		D	×1	×1		+				1	↙														Kopfsalat
								⌐4↙																			Porree (Lauch)
																											Liebstöckel
				1	1												▲		▲	1						+	Möhren
					1																						Obstbäume
															∩												Petersilie
																											Pfirsichbäume
		↙		1	1							1															Pflücksalat
	1																									1	Radies
					1		1													□						1	Rettich
																						↙B					Rhabarber
																											Rote Bete
																											Rüben, Mai–Herbst
																											Salbei
		U										2										+			↓1		Sellerie
		↙	↙	1	1							1															Spinat
		+																	W			✕					Stangenbohnen
								N														3			3	3	Tagetes
																				>							Tomaten
	Wermut wirkt ungünstig auf alle Kulturen, außer Johannisbeeren																										Wermut
		+					△4		△4																		Zwiebeln

59

Companion planting chart (Mischkulturtabelle) — columns are read across to the plant names listed on the right.

Zwiebelgemüse		Kohlgemüse							Gewürz- und Heilpflanzen																	
Zwiebel	Porree (Lauch)	Wirsing	Weiß- und Rotkohl	Rosenkohl	Kohlrabi	Grünkohl	Chinakohl	Blumenkohl, Brokkoli	Weinraute	Tripmadam	Thymian	Schnittpetersilie	Schnittlauch	Salbei	Rosmarin	Portulak	Pfefferminze	Melisse	Meerrettich	Majoran	Löffelkraut	Kümmel	Kresse	Knoblauch	Kerbel	
																										Baldrian
																										Beerensträucher
																								v		Bohnenkraut
																										Borretsch
		2	2	↓2	2	2	↓	2																6		Buschbohnen
		2	2	2	2	2		2																		Calendula
				↓																						Dicke Bohnen
−																										Dill
			↓			↓																				Erbsen
6												6												G		Erdbeeren
																										Fenchel
↓		R↓																								Gurken
																										Himbeeren
+		R	↓		↓																					Kamille
↓																	+		B		↓↑					Kartoffeln
		▲	▲	▲	▲	▲		▲											2							Kohlarten
							↓																			Kohlrabi
3		1	1	1	1	1	1	1									◠							6		Kopfsalat
			2									↓														Porree (Lauch)
																										Liebstöckel
4▲	4	↓	2↓	↓		↓	1	↓															4	M		Möhren
																		◠	3	5				M6	M	Obstbäume
																										Petersilie
																		◠						↓		Pfirsichbäume
		1	1	1	1	1		1																		Pflücksalat
												1												◠		Radies
																		◠								Rettich
																										Rhabarber
+			2		+																					Rote Bete
																										Rüben, Mai–Herbst
																										Salbei
↓		2	2	2	↓2	2		↓2																		Sellerie
		1	1	1	1	1	1	1																		Spinat
		2	2	2	2	2		2																		Stangenbohnen
		2	2	2	2	2		2																		Tagetes
	L+	2	2	2	2	2		2										◠					◠			Tomaten
																										Wermut
																										Zwiebeln

60

Kapuzinerkresse	Gewürzfenchel	Estragon	Engelwurz	Dost (Origano)	Dill	Comfrey	Borretsch	Einjähriges Bohnenkraut	Bergbohnenkraut	Basilikum	**Blatt- und Stielgemüse**	Zuckerhut	Winterpostelein	Winterkopfsalat	Winterendivien	Spinat	Sommerendivien	Rübstiel	Pflücksalat	Neuseeländer Spinat	Mangold	Kopfsalat	Knollenfenchel	Grünspargel	Feldsalat	Bleichsellerie

Wermut wirkt ungünstig auf alle Kulturen, außer Johannisbeeren

61

stoffvorrates in verschiedenen Tiefen. Die Tiefwurzler bahnen den Flachwurzlern den Weg in tiefere und feuchtere Bodenschichten und machen sie dadurch wasserunabhängiger. Ähnlich wird es sich beim Mischanbau von Stark- und Schwachzehrern verhalten.

Durch die gleichzeitige Kultivierung verschiedener Arten mit unterschiedlichen Reifezeiten ist der Boden das ganze Jahr über mit keimenden, jungen und ausgewachsenen Pflanzen bewachsen und durchwurzelt, so daß es zu einer guten Bodenschattierung (Schattengare) kommt. Allerdings dürfen sich die Pflanzen nicht behindern, die Abstände müssen ausreichend groß sein.

Die Mischkultur entstand aufgrund von Beobachtungen in der Natur, die keine Monokulturen, sondern immer nur Pflanzengesellschaften kennt. Im Laufe der Zeit haben sich Partner zu-

sammengefunden, die gut miteinander harmonieren, die sich ergänzen. Bestimmte Pflanzen können sich durch Austausch von arteigenen Wirkstoffen und Stoffwechselprodukten über das Blatt (z. B. Duft) und die Wurzel (z. B. Säfte) im Wachstum gegenseitig fördern, aber auch hemmen. Im Garten werden die Pflanzenpartner miteinander kombiniert, die sich ergänzen, sich eventuell gegenseitig vor Krankheits- und Schädlingsbefall schützen und im Nährstoffbedarf zusammenpassen. Mischt man Pflanzen mit unterschiedlichen Nährstoffbedürfnissen, so werden die Beete nur mit ausgereiftem Kompost gedüngt. Die Starkzehrer bekommen zusätzlich Flüssigdüngung mit Pflanzenjauchen.

Mischkulturanbau verlangt eine gründliche Planung. Die eigenen mit Mischkulturen gewonnenen Erfahrun-

Links außen:
Möhren und
Zwiebeln sollen
sich gegenseitig
vor Möhren- und
Zwiebelfliege
schützen.

Links Mitte:
In Mischkultur
wachsen Brokkoli,
Salat und Porree.
Im Hintergrund
Tagetes als
Abwehrpflanzen.

Rote Bete harmonierte gut mit Zwiebel und Weißkohl, dagegen nicht mit Möhren. Bei Freiland-Tomaten wurde der *Phytophthora*-Befall (Kraut- und Knollenfäule) durch Möhren und Weißklee-Untersaat erhöht. Bei der Kombination mit Weißkohl war der Kohl als Starkzehrer ein zu großer Nährstoffkonkurrent für die Tomaten.

Abwehr- und Fangpflanzen

Abwehr- oder Fangpflanzen werden als Randpflanzen oder Unterkultur zu dem Partner gesetzt, den sie schützen sollen. In erster Linie wirkt der Knoblauch allgemein gegen Krankheits- und Schädlingsbefall. Er soll auch Wühlmäuse vertreiben und wird deshalb gut verteilt im Garten gesteckt: unter Rosen, Obstbäumen und Beerenobst, am Rand von Gemüsebeeten, eventuell im Blumenkasten etc. Bei Erdbeeren beugt eine Mischkultur mit Knoblauch einem Grauschimmelbefall vor. Doch wird man wahrscheinlich besser Steckzwiebeln nehmen, da man soviel Knoblauch nicht verwerten kann. Auch Kräuter haben Abwehrfunktionen:

- Basilikum, zwischen Tomaten gepflanzt, wehrt Krankheiten und Schädlinge ab.
- Bohnenkraut neben Bohnen vertreibt Blattläuse und wirkt ertragssteigernd.
- Die Blüten von Salbei, Thymian, Borretsch, Bohnenkraut und Ysop locken Bienen an, stoßen gleichzeitig aber Schadinsekten ab. Dies gilt besonders auch für die stark riechende Weinraute.

gen sollte man laufend aufschreiben. Man kann die Mischkultur intensiver betreiben, indem man statt langer Längsreihen kurze Querreihen im Beet anlegt (s. Seite 90).

In einer Forschungsarbeit (von Kemper, 1986) wurden einige Gemüse-Kombinationen der Mischkultur wissenschaftlich untersucht. Dabei zeigte Weißkohl einen negativen Einfluß auf Kopfsalat. Der auf Schmetterlinge ausgeübte Reiz zur Eiablage an Weißkohlpflanzen konnte durch Möhre, Rote Bete und Porree gesenkt werden. Vorteile für beide Partner ergab die Kombination Kopfsalat mit Zwiebel. Der beste Partner für den Porree war ebenso der Kopfsalat. Negativ wurde Porree durch Rote Bete, Möhre und teilweise durch Tomaten beeinflußt. Bei der Kombination Möhre mit Zwiebel blieben die Möhren völlig frei von Wurzelläusen.

Die Kapuziner-
kresse wirkt
als Fangpflanze
für Läuse.

Sie schützt zum
Beispiel Bohnen
vor der Schwarzen
Bohnenlaus.

sich meist von selber wieder aus. Stark befallene Pflanzen können ausgerissen werden. Oft aber fallen die Läusekolonien Nützlingen zum Opfer oder brechen von selbst zusammen. An die Kulturpflanzen gehen die Läuse nicht.

Viele andere Pflanzen besitzen ebenfalls Abwehrfunktionen. Man sollte im eigenen Garten oder in der Natur beobachten, welche Pflanzen von Schädlingen gemieden werden. Diese meist besonders duftstarken Pflanzen werden zur Schädlingsabwehr gepflanzt, man kocht davon Tee, den man zur Schädlingsabwehr spritzt, oder man mulcht die Beete mit diesen Pflanzen.

– Lavendel und Majoran vertreiben Ameisen, vor allem im Rosenbeet. Lavendel hilft dort auch gegen Läuse und sieht sehr dekorativ aus.
– Meerrettich kann zur Vertreibung von Kartoffelkäfern an den Rand der Beete gepflanzt werden (Achtung vor Ausbreitung!). Unter Kirschbäume gepflanzt, hält er Monilia fern, unter Pfirsichbäumen wird die Kräuselkrankheit gehemmt.
– Bei kränkelnden Bäumen empfiehlt sich eine Fingerhut-Unterpflanzung.
– Wermut kann unter Johannisbeeren den Säulenrost abwehren. Auf 4 bis 6 Johannisbeersträucher rechnet man mit einer Wermutstaude. Achtung: Wermut verträgt sich nicht mit anderen Partnern, sein Schnittgut sollte nicht auf den Kompost.
– Kapuzinerkresse ist eine Läusefangpflanze und wird zu diesem Zweck unter Obstbäume oder an Beeträndern ab Mitte Mai gesät. Später sät sie

Stärkungs- und Pflegemittel

Käufliche Mittel

Unter der Bezeichnung »Pflegemittel« werden im Handel eine Reihe von Präparaten angeboten. Man kann, aber muß sie nicht im Biogarten anwenden. Sie sollen den Pflanzen zusätzlich Widerstandskraft verleihen. Zur Entfaltung ihrer vollen Wirkung müssen sie regelmäßig alle 2 bis 4 Wochen gespritzt werden. Meistens handelt es sich um Kräuterextrakte. Einige davon führen wir nachfolgend (ohne Wertung) auf. Die jeweiligen Dosierungen sind den Packungen zu entnehmen.

Algifert ist ein Konzentrat aus Meeresalgen, Auxinen und Enzymen mit zahlreichen Spurenelementen. Ähnlich zusammengesetzt ist das flüssige **Algan**. **SPS** (Schumachers Pflanzen-Schutz) ist ein Konzentrat aus Wildkräuterextrakten und beugt Pilz- und Viruskrankheiten vor. Es hat sich auch zur Stecklingsbewurzelung und Pflege von Aussaat und Jungpflanzen bewährt. **Artanax** besteht aus Heil- und Wildkräutern, Meeresalgen und Mineralien. **Equisan** ist ein Schachtelhalmextrakt. **Bio S** enthält neben Kalk, siliziumhaltigen Mineralien, Heilkräutern und Meeresalgen auch Schwefel und beugt Pilzkrankheiten vor. **Preicobact** hat sich bei Obstgehölzen im blattlosen Zustand als Vorbeugemittel gegen Moose, Flechten, Frostschäden und Knospenfraß durch Vögel bewährt. Es wird zur Kronenspritzung und zum Stammanstrich verwendet.

Auch das schon im Kapitel Düngung aufgeführte **Steinmehl** zählt zu den Pflegemitteln, allerdings nur als Vorbeugemaßnahme. Eine Wirkung läßt sich nur dann feststellen, wenn der Boden unmittelbar vor der Pflanzung bestäubt oder junge Pflanzen damit behandelt werden. Die Ausbringung auf den Boden kann von Hand erfolgen. Bei Pflanzenbehandlung darf der Steinmehl-Belag nur hauchdünn sein, um das Wachstum nicht zu stören. Ein spezieller Zerstäuber erzeugt dazu eine feine Staubwolke. Das Steinmehl darf nicht eingeatmet werden. Man steht bei der Ausbringung auf der Windseite oder trägt eine Staubmaske. Steinmehl sollte bei trockenem Wetter ausgebracht werden. Am besten verwendet man hier ganz fein vermahlene Produkte (z. B. »Eifelgold«). Steinmehl wird auch zur direkten Bekämpfung von Insekten empfohlen. Er verstopft die Atemöffnungen der Tiere. Dies beeinflußt sie in ihrer Lebensweise, ohne sie gleich zu

töten. Zum anderen erscheint ihnen durch das Steinmehl ihre pflanzliche Unterlage weniger schmackhaft, so daß die beunruhigten Tiere abwandern oder umherlaufen und dadurch ihre Anwesenheit den verschiedenen Nützlingen verraten.

Selbsthergestellte Pflegemittel

Neben diesen käuflichen Mitteln kann man, wie schon beim Kapitel »Selbsthergestellte Flüssigdünger« beschrieben, Pflegemittel aus Kräutern selbst herstellen. Sie tragen zur Stärkung der Pflanzen bei, wirken so vorbeugend gegen Krankheiten und Schädlinge. Einige üben durch ihre Inhalts- und vor allem Duftstoffe eine schädlingsvertreibende Wirkung aus. Andere Mittel werden auch direkt bei Schädlingsbefall angewendet. Diese Naturmittel wirken im Gegensatz zu chemischen Pflanzenschutzmitteln langsam und mild. Alle Kräuterjauchen gegen Pilzkrankheiten wirken nur bei mehrmaliger vorbeugender Anwendung. Die einzelnen Pflege- und Abwehrmittel werden auf unterschiedliche Weise zubereitet. Zur Herstellung werden jeweils frische oder getrocknete Kräuter verwendet.

Kaltwasserauszug: darf nicht vergären; maximal 12 bis 24 Stunden im Wasser ziehen lassen, dann durchseihen und verwenden

Jauche: Zubereitung wie bei »Brennesseljauche« (s. Seite 51 f.) beschrieben

Brühe: zuerst 24 Stunden einweichen, dann 20 Minuten leicht kochen und zugedeckt abkühlen lassen

Tee: zuerst in heißem Wasser einweichen, dann 24 Stunden ziehen lassen.

Schädlingsbekämpfung

Insektizide Bekämpfung

Neben den vorher genannten Kräuterextrakten zur vorbeugenden, z.T. heilenden Behandlung, kennt man außer den käuflichen Insektiziden auch selbstherzustellende Präparate. Zur Wirkungsentfaltung müssen die Insekten getroffen werden. Da einige Schadinsekten blattunterseits oder verborgen im Herz einer Pflanze sitzen, ist dies nicht immer einfach. Um einen besseren Hafteffekt auf den Pflanzen zu erreichen, kann der Spritzbrühe Schmierseife (0,1%ig, käufliche Kali-Pflanzenpflegeseife) beigefügt werden. Dies ist insbesondere bei Pflanzen mit Wachsschichten wichtig wie Kohlarten und Porree. Pflege- und Pflanzenschutzspritzungen dürfen nicht bei heißem oder stark sonnigem Wetter durchgeführt werden. Am besten spritzt man frühmorgens oder spätabends, v. a. im Sommer, um Verbrennungen zu vermeiden.

Neben diesen selbstherstellbaren Mitteln bietet der Fachhandel fertige Präparate an. Gegen Insektenbefall gibt es Mittel auf Pyrethrum-Basis, einem natürlichen Gift aus einer Chrysanthemenart. Will man nur Läuse bekämpfen, so sind selektive, nützlingsschonende Mittel wie z.B. das Schmierseifenpräparat »Neudosan« vorzuziehen. Denn leider werden bei den meisten käuflichen und auch bei den in diesem

---

Herstellungs- und Anwendungstabellen von vorbeugenden und heilenden Pflanzenschutzmitteln (nach Schmid und Henggeler 1990)

Grundstoff	Rezept	Anwendung
gegen Insekten		
Brennessel Kaltwasserauszug	1 kg Frischkraut/10 l Wasser, unverdünnt	ganzjährig bei Läusebefall an 3 Tagen hintereinander
Farnkraut (Wurm- und Adlerfarn) vergorene Jauche	1 kg Frischkraut/ 10 l Wasser oder 100 g Trockenkraut/ 10 l Wasser	– als Winterspritzung unverdünnt gegen Schild-, Schmier- und Blutläuse – im Vorfrühling 10fach verdünnt gegen Blattläuse – ganzjährig unverdünnt auf Pflanzen und Boden als Abwehr gegen Schnecken

Rainfarm Brühe oder Tee	300 g Frischkraut mit Blüte/10 l Wasser oder 30 g Trockenkraut/10 l Wasser	als Winter- und Sommerspritzmittel unverdünnt gegen Schädlingen am Beerenobst, während der Flugzeit der Schädlinge zur Geruchsüberdeckung gegen Möhrenfliege, Kohlweißling, Apfelwickler
Rhabarber Tee	500 g frische Blätter 3 l/Wasser	bei Bedarf unverdünnt gegen Lauchmotte oder Schwarze Bohnenlaus
Tomate Kaltwasserauszug	2 Handvoll Blätter oder Sprosse zerstampfen, in 2 l Wasser 2 Stunden ziehen lassen	während der Flugzeit der Kohlweißlinge laufend unverdünnt spritzen (zur Geruchsüberdeckung)
Knoblauch Spritzmittel	150 g Zehen feingehackt, 2 Teelöffel Paraffin, 24 Stunden einweichen, + 100 g Schmierseife, alles in 10 l Wasser mischen	als Insektenbekämpfungsmittel bei Bedarf unverdünnt anwenden
Schmierseife (echte Kaliseife) Schmierseife kann anderen Kräuterbrühen als Haftmittel mit 0,1 % beigemischt werden.	150–300 g/10 l Wasser 40 g + 1/8 l Petrolium; in heißem Wasser sehr gut vermischen/25 l kaltes Wasser	*ganz*jährig gegen Blattläuse; bei Obst vor der Fruchtbildung gegen saugende Insekten
	100–300 g + 1/2 l Brennspiritus oder Isoprophylalkohol + 1 Eßlöffel Kalk + 1 Eßlöffel Salz auf 10 l Wasser	bei Problemschädlingen wie Raupen, Käfern usw. und starkem Befall von saugenden Insekten (Brennspiritus oder Isopropylalkohol – mit 1 bis 3 % zu Spritzbrühen – lösen die wachsartige Schutzschicht von Insekten)

Quassia (tropisches Bitterholz; in der Apotheke erhältlich; inzwischen gibt es sogar ein Fertigpräparat)	150 g Trockenholz in 2 l Wasser 12-24 Stunden einweichen, dann 20 Minuten kochen; mit 250 g Schmierseife in 10 l Wasser	unverdünnt gegen Blattläuse und andere Insekten; Ätzgift für alle Insekten, auch Nützlinge, ungiftig für alle Warmblütler
Wermut vergorene Jauche, Tee oder Brühe	300 g Frischkraut mit Blüte/10 l Wasser oder 30 g Trockenkraut/10 l Wasser, eventuell 1% Wasserglas beimischen	– Jauche im Frühjahr gegen Ameisen, Raupen, Blattläuse (oder auch Säulchenrost an Johannisbeeren) – Tee gegen Blattläuse und als Abwehrmittel während der Flugzeit von Schad-Schmetterlingen – Brühe im Herbst gegen Brombeermilben

gegen Pilzkrankheiten

Ackerschachtelhalm Brühe Für den Garten sind alle Schachtelhalmarten, insbesondere der Ackerschachtelhalm (die Sommerwedel) geeignet, dagegen ist der Sumpf-Schachtelhalm giftig! Trockenkraut oder Flüssigpräparat (»Equisan«) im Handel erhältlich	1 kg Frischkraut/10 l Wasser oder 150 g Trockenkraut/10 l Wasser, eventuell mit 1-2% Wasserglas (= Salz der Kieselsäure) mischen	– ganzjährig (regelmäßig monatlich) auf den Boden gießen, vorbeugend gegen Bodenpilze – als Voraustriebsspritzung 5fach verdünnt gegen Mehltau, Monilia, Rost, Schorf, (im Frühjahr vorbeugend gegen Kräuselkrankheit), im Sommer vorbeugend gegen Pilzkrankheiten an Tomaten

Vergorene Pflanzenjauchen aus Zwiebeln wirken gegen Pilzkrankheiten.

Meerrettich Tee	300 g Blätter und Wurzeln/10 l Wasser	während der Blütezeit vorbeugend gegen Monilia in die Blüte mehrmals spritzen
Kräutergemisch (Zwiebel, Knoblauch, Schnittlauch, Blätter der Schwarzen Johannisbeere, Sauerampfer) vergorene Jauche	500 g Frischkraut/10 l Wasser oder 200 g Trockenkraut/10 l Wasser	10fach verdünnt auf Boden und Baumscheiben vorbeugend gegen Pilzkrankheiten, auch bei Erdbeeren und Kartoffeln
Magermilch/ Molke (frisch, nicht pasteurisiert)	1 : 1 mit Wasser verdünnt	wöchentlich vorbeugend gegen Tomatenkrankheiten

Kapitel genannten Mitteln nicht nur die Schädlinge, sondern ebenso die Nützlinge mitvernichtet. Auf jeden Fall sollte man die Mittel nur bei tatsächlichem Bedarf (im Ausnahmefall!) anwenden. Bei nur geringem Schädlingsbefall ist es sinnvoller, eine manuelle Bekämpfung vorzunehmen, und es geht schneller, als wenn man erst ein Spritzmittel anmischen muß. Zum Beispiel können einige wenige Blattläuse an Rosenknospen mit den Fingern (wer sich ekelt, zieht Gummihandschuhe an) zerdrückt oder mit einem scharfen Wasserstrahl abgewaschen werden. Raupen und Käfer kann man bei nur wenigen befallenen Pflanzen absammeln. Dabei muß man die Eigenarten der Tiere beachten. Einige Käfer beispielsweise drehen sich weg oder lassen sich einfach fallen, wenn man mit der Hand in ihre Nähe kommt. Hier kann man ein kleines Gefäß, das mit etwas Wasser und Schmierseife gefüllt ist, zum Hereinfallen darunterhalten.

Nützlingseinsatz im Gewächshaus

Gegen Läuse, Weiße Fliege und Spinnmilben im Gewächshaus lassen sich verschiedene Nutzinsekten einsetzen. Nachdem sich diese Methode der Schädlingsvernichtung im Erwerbsgartenbau bewährt hat, kann inzwischen auch der Kleingärtner die Tiere käuflich erwerben (s. Seite 124). Wichtig für den Erfolg ist das rechtzeitige Aussetzen der Nutzinsekten beim ersten Auftreten der Schädlinge. Man muß seine Pflanzen also ständig kontrollieren (Lupe!).

Beim rechtzeitigen Einsatz und richtigen Ausbringen der Tiere ist mit einer vollständigen Schädlingsvernichtung zu rechnen. Mißerfolge treten bei unsachgemäßem Ausbringen, Spritzmittelrückständen oder zu niedrigen Temperaturen auf. Die Anwendung ist nur bei Temperaturen über 18°C möglich. Nach dem Aussetzen wird die Entwicklung der Nützlinge beobachtet. Je nach Bedingungen entwickeln sie sich unterschiedlich schnell. Unter Umständen muß ein zweites Mal ausgesetzt werden.

Florfliege

Florfliegen sind zartgrüne, zerbrechlich wirkende, 10 bis 15 mm große Tiere mit langen Fühlern, netzartigen Flügeln und goldenen Augen. Sie werden deshalb Goldauge genannt. Das Vollinsekt ernährt sich von Honigtau und Wasser. Der Schädlingsvertilger ist die Larve, auch Blattlauslöwe genannt. Sie frißt nicht nur Läuse, sondern alle ausgewachsenen Schädlinge, Eier, Puppen bis zu einer Größe von 5 mm. In ihrer 18tägigen Larvenzeit vertilgt eine Florfliegenlarve täglich rund 20 bis 30 Blattläuse oder 50 bis 100 Milben oder 50 bis 100 Schädlingseier.

Die Anzuchtfirmen liefern die auf langen Fäden sitzenden Eier auf Mull-

Rechts: Auf schicken lassen.
Kartonstreifen Im Gewächshaus
kann man sich von dämmt das räube-
Züchterfirmen rische Insekt die
Schlupfwespen Weiße Fliege ein.

gaze oder Kartonstreifen. Diese werden
sehr vorsichtig zerschnitten und auf die
befallenen Pflanzen verteilt; sie sollten
möglichst im Schatten (unter den Blättern) liegen.

Raubmilbe

Die Raubmilbe gehört wie die schädli-
che Spinnmilbe (Rote Spinne) zur Klas-
se der Spinnentiere. Sie produziert allerdings kein Gespinst, sondern fängt
ihre Beute. Die Spinnmilbe ist durch-
sichtig bis hellgrünlich und besitzt seit-
lich zwei schwarze Punkte. Sie saugt
den Saft aus den Blättern, wodurch diese gelb werden und absterben. Die
Raubmilbe ist im Gegensatz zu ihren
Opfern sehr beweglich und hellrot gefärbt. (Also nicht der Schädling, die Rote Spinne ist rot gefärbt, sondern der
Nützling). Beide Tiere sind mit der Lupe gut zu erkennen. Die Raubmilbe
sucht die Spinnmilbe und deren Eier,
sticht sie an und saugt sie aus. Pro Tag
kann eine Raubmilbe 30 bis 40 Eier und
20 Spinnmilben vernichten. Zudem
vermehrt sich der Nützling selber mit 3
bis 4 Eiern pro Tag, wobei die Entwick-
lungsgeschwindigkeit stark von der
Temperatur (mindestens 18 °C, je wär-
mer desto besser) und der Luftfeuchtig-
keit (möglichst hoch) abhängt. Hat die
Raubmilbe alle Schädlinge vertilgt, frißt
sie ihre eigenen Eier und Artgenossen
auf.

Raubmilben werden meist auf Boh-
nenblättern geliefert. Diese Blätter zerschneidet man vorsichtig und verteilt
sie auf die befallenen Pflanzen. Mindestens auf jede zweite Pflanze kommt ein
Blatt-Teilstück.

Schlupfwespe

Die Schlupfwespe ist ein kleines
(0,6 mm) Insekt mit dunklem, glänzen-
dem Körper, schimmernden Flügeln
und einem langen Legestachel. Mit diesem Legestachel bohrt sie Schädlinge
an und legt ihre Eier in die lebenden
Tiere bzw. deren Eier. Innerhalb von 10
bis 14 Tagen bilden die Weibchen etwa
50 Eier aus. Die aus den Eiern schlüpfenden Larven sind die eigentlichen
Schädlingsvertilger. Die Parasiten fressen ihre Wirte von innen her auf, in erster Linie die Weiße Fliege. Dieser
Schädling tritt im Gewächshausklima
massenartig auf und schädigt die Pflanzen durch Saftentzug, Blattflecken, Be-
einträchtigung der Assimilation und At-
mung bis zum Absterben.

Für den Pflanzenschutz werden Kartonstreifen mit parasitierten Eiern geliefert (Eier der Weißen Fliege, die von
Schlupfwespen angestochen und mit

ihren Eiern belegt wurden)). Aus den Eiern schlüpfen nach kurzer Zeit die fertigen Schlupfwespen. Die Kärtchen werden an die befallenen Pflanzen gehängt. Das Aussetzen der Schlupfwespen mindestens einmal nach 8 bis 10 Tagen wiederholen.

Gallmücke

Hier handelt es sich um unscheinbare, nur 1 cm große Insekten, die ihre Eier gezielt in Blattlausnähe ablegen. Jedes Weibchen legt etwa 100 Eier ab. Die Schädlingsvertilger sind die Larven, von der jede bis zu 50 Blattläuse töten kann. Danach verpuppt sich die Larve im Boden und nach 1 bis 2 Wochen schlüpfen neue Gallmücken.

Die Puppen dieses Nützlings werden in Torf eingebettet geliefert. Sie werden auf den Boden unter die Pflanzen ausgebracht. Schon wenige Tage nach dem Aussetzen findet man winzige orangerote Eier und Larven neben Blattlauskolonien.

Nützlingseinsatz im Garten

Der Garten sollte so gestaltet werden, daß möglichst viele Nützlinge von selbst kommen und sich einquartieren (s. Seite 12 bis 20). Die für das Gewächshaus genannten Nützlinge lassen sich nicht im Freiland einsetzen. Insgesamt gibt es im Freiland bisher kaum eine Einsatzmöglichkeit für Nützlinge. Man kann ihre Ansiedlung fördern. Ohrwürmer sind z. B. weitgehend nützliche, dämmerungsaktive Tiere, die Läuse und andere Schädlinge verzeh-

ren. Um sie zu vermehren, bietet man ihnen Unterschlupfmöglichkeiten an (s. Abbildung).

Ohrwürmer verkriechen sich im Oktober im Boden zum Überwintern. Um möglichst schnell viele Ohrwürmer in die Behausungen zu locken, stellt man sie ab Mai an geschützte Stellen, z. B. unter Hecken, auf den Boden. Je nach Temperatur kriechen dann Mitte bis Ende Mai die Alttiere gleich zur Eiablage in die Gefäße. Danach kann man die Behausungen aufhängen.

Allgemeine Schädlinge

Schnecken

Die Schneckenregulierung läßt sich nicht mit wenigen Zeilen oder, wie im konventionellen Anbau, mit einem Wort (Schneckenkorn) abhandeln. Man sollte etwas über die Lebensweise dieser Tiere wissen, um sie erfolgreich aus dem Garten oder von bestimmten Pflanzen abzuhalten. Auch hierüber gibt es interessante, spezielle Literatur (Graber 1985, s. Seite 124 f.).

Trockene Witterung schränkt die Aktivität der Schnecken ein. Um die Schnecken beim Bewässern nicht anzulocken, gießt man frühmorgens am besten nur Einzelpflanzen. Ist nur eine ganzflächige Beregnung möglich, so sollte diese frühmorgens einsetzen. So trocknet der Bestand bis abends zur Schnecken-Wanderzeit wieder ab.

Bei Trockenheit müssen sich die Schnecken in Bodenlöchern vergraben, da sie sonst zuviel Wasser verlieren und eingehen. Um ihr Eindringen zu verhin-

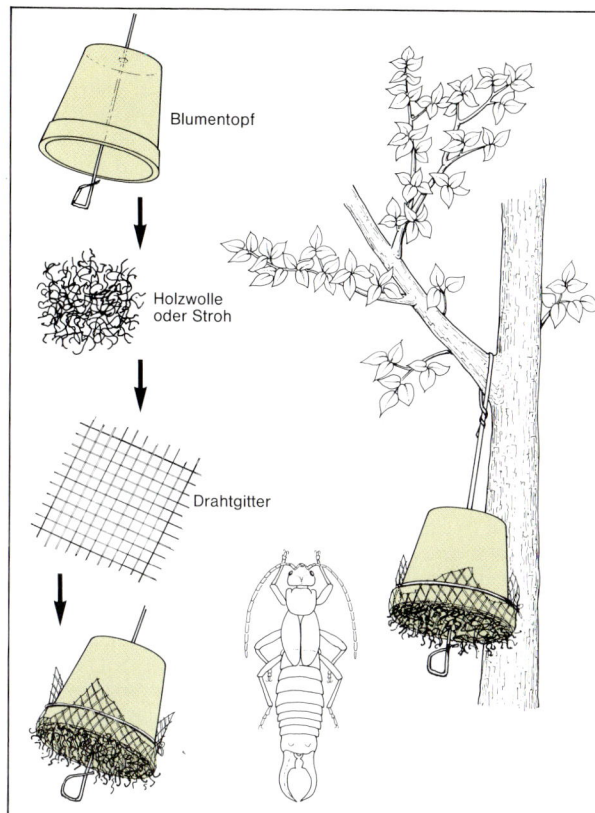

Blumentopf

Holzwolle
oder Stroh

Drahtgitter

Um die nützlichen Ohrwürmer zu fördern, kann man Blumentöpfe mit Holzwolle oder Stroh füllen (jährlich wechseln!), ein Drahtgitter zum Schutz darumgeben und die Behausung in eine Astgabel oder an den Stamm angelehnt anbringen. So können die Ohrwürmer zur Nahrungssuche ein- und auskriechen.

dern, sollte der Boden weder Risse noch Spalten enthalten, sondern feinkrümelig daliegen. Bei schwerem, lehm- und tonreichem Boden braucht es einige Zeit, bis eine gute Bodenstruktur erreicht ist. Deswegen bereiten Schnecken auf diesen Böden größere Probleme. Im Sommer darf keine Tiefenlockerung (z. B. mit dem Sauzahn) erfolgen, da sonst wieder Risse entstehen.

Die Schnecken überwintern in Bodenhöhlungen und bevorzugen möglichst tiefe, schwere Böden. Deswegen wird bei Schneckenproblemen der Boden im Herbst möglichst wenig bewegt, um keine Eintrittspforten für diese Tiere

entstehen zu lassen. Erst im Winter (bei leichtem Frost) lockert man dann den Boden.

Genau wie die Bodenorganismen profitieren leider auch die Nacktschnecken vom Mulchmaterial. Als Kompromiß zwischen Nicht-Mulchen und zu großem Schneckenproblem wird nur trockenes Mulchmaterial in dünner Schicht verwendet. Gut geeignet ist Laub mit zerkleinertem Stroh (im Nutzgarten etwas mit Hornspänen anreichern), getrocknete Abwehrpflanzen (Schafgarbe, Holunder, Rainfarn, Wermut) oder Fichtennadeln, Gerstenstreu oder Lavagranulat.

Schnecken und andere Schädlinge können zügig wachsenden Pflanzen weniger anhaben. Deswegen wartet man mit der Erstbestellung besser, bis sich der Boden genügend erwärmt hat. Die Keimung von großkörnigen Samen (z.B. Leguminosen) kann durch Vorquellen im Wasser (12 bis 24 Stunden) beschleunigt werden. Unter Umständen bietet sich auch bei typischen Sä-Pflanzen (z.B. Erbsen, Bohnen) eine Vorkultur in Gefäßen und späteres Auspflanzen an.

Köder können Schnecken von frisch Gesätem oder Gepflanztem weglocken. Neben den Kulturreihen verteilt man frische Abfälle (Salatreste, Kartoffelschalen, usw.) in 5 bis 10 cm tiefe Rillen. Die Schnecken wandern von den Kulturpflanzen dorthin ab und können abgesammelt werden. Auch Gartenkresse, Kerbel, Petersilie, Schnittlauch oder Spinat als Begleitkulturen gesät oder Steckzwiebeln gesetzt, können Schnecken von empfindlichen Pflanzen (z.B. Dahlien, *Tagetes*) ablenken. Direkte Wanderschranken während der ersten kritischen Tage lassen sich aus getrocknetem Mulchmaterial, welches man kreisförmig um jede Pflanze streut, herstellen. Dieses wird dann mit Steinmehl oder Algenkalk dünn bestreut. Allerdings wird dieser Schutzkragen beim nächsten Regen oder Begießen unwirksam und muß erneuert werden. Man kann die Pflanzen zudem direkt mit Steinmehl bestäuben.

Schnecken können auch geködert und dann abgesammelt werden. Ein besonders gutes Ködermittel ist Weizenkleie mit vorgequollenen Katzen- oder Hundebisquits (1 kg zu 100 g). Da die

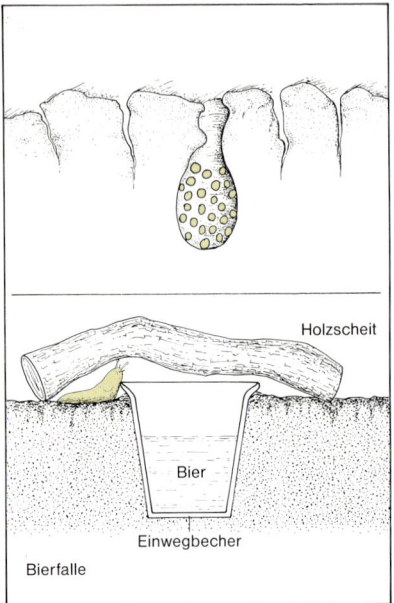

Bierfalle

Holzscheit

Bier

Einwegbecher

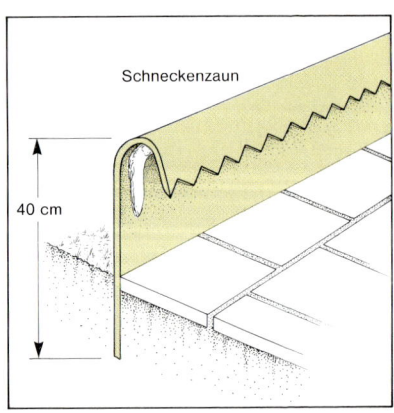

Schneckenzaun

40 cm

Köder die Schnecken unter Umständen von weit her anlocken, sollte man sie am besten nur am Hauptzuwanderort am Gartenrand auslegen. Um die Schnecken allerdings mit dieser Methode wirksam zu dezimieren, müßte man sie mehrmals pro Nacht absammeln, da

Bei einem Test zeigte das Mittel »Biogard« (heute unter dem Namen »Limagard« im Handel) eine sehr viel stärkere und länger andauernde Lockwirkung auf Schnecken als Bier. Da die verschiedenen Köder die Schnecken unter Umständen von weit her anlocken können, sollte man sie am besten nur am Hauptzuwanderort (hier am Gartenzaun) auslegen.

sie sich selten länger als eine Stunde am ausgelegten Köder aufhalten. Hier setzt man dann besser die bekannten Bierfallen ein, wo die Schnecken hineinfallen und ertrinken. Die Biersorte als Lockstoff scheint egal zu sein. Man kann es auch mit angerührter Hefe versuchen. Es gibt außerdem käufliche Lockmittel (z. B. »Limagard«). Erfolg beim Ködern verspricht auch das Auslegen von nasser Wellpappe, alten Jutesäcken oder alten Brettern, unter die man eventuell einige Köder steckt. Hierunter verkriechen sich die Schnecken tagsüber und können dann abgesammelt werden. Vor der Erstbestellung im Frühjahr empfiehlt es sich, die Beete mit schwarzer Folie zu bedecken. Durch die Wärme kommen die Schnecken früher aus ihren Winterquartieren und werden dann abgesammelt.

Gesammelte Schnecken kann man verjauchen. Dazu werden 100 Tiere mit heißem Wasser überbrüht, die stinkende Brühe nach der Zersetzung (nach etwa 10 Tagen) gefiltert und mit 10 l Wasser verdünnt. Dieser Sud vertreibt die Schnecken aus den Beeten. Er darf allerdings nicht über die Pflanzen, sondern nur auf den Boden gegossen werden. Die Beete sollten nicht allseitig damit gegossen werden, man setzt nur Duftmarken, insbesondere um empfindliche Pflanzen herum. Während diese Schneckenjauche abstoßend wirkt, stellen toten Schnecken (wenn man sie zerschneidet und liegen läßt) ein Lockmittel für die Artgenossen dar.

Die wirksamste Methode der Schneckenabwehr ist das Eingrenzen mit einem käuflichen oder selbstgebastelten Schneckenzaun aus Metall (s. Abbildung). Er verhindert jede Zuwanderung. Allerdings muß vorher der Schneckenbestand innerhalb des Zaunes abgefangen und dezimiert werden.

Der Vollständigkeit halber sei auf die Haltung von Lauf- und Stummenten als Schneckenvertilger hingewiesen. Allerdings brauchen die Enten eine entsprechende Betreuung. Es gibt weitere natürlich vorkommender Schneckenfresser wie Igel, Spitzmäuse, verschiedene Amphibien und Reptilien, verschiedene Vogelarten, sowie Laufkäferarten, die Schneckeneier verspeisen.

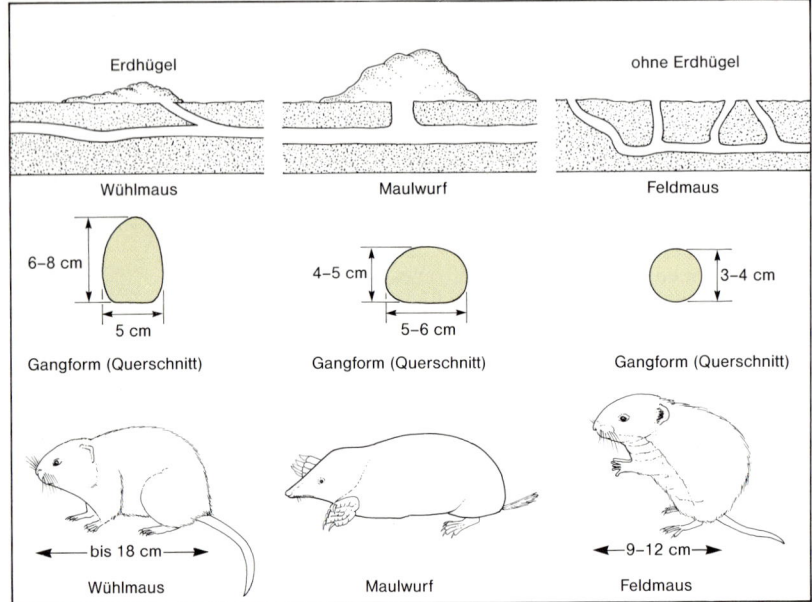

Erdhügel		ohne Erdhügel
Wühlmaus	Maulwurf	Feldmaus

6–8 cm / 5 cm
Gangform (Querschnitt)

4–5 cm / 5–6 cm
Gangform (Querschnitt)

3–4 cm
Gangform (Querschnitt)

← bis 18 cm →
Wühlmaus

Maulwurf

←9–12 cm→
Feldmaus

Mäuse und Wühlmäuse

Ein perfektes Rezept der Bekämpfung gibt es hier nicht. Man sollte verschiedene Maßnahmen versuchen. Die hier genannten Methoden wirken auch auf den Maulwurf. Er steht aber unter Naturschutz und darf nicht getötet werden. Außerdem ist er eher nützlich als schädlich: Er frißt Engerlinge und andere im Boden lebende Tiere (leider auch Regenwürmer). Pflanzliche Nahrung rührt er aber grundsätzlich nicht an.

Man sollte zuerst mit harmlosen Maßnahmen an die Bekämpfung herangehen. Vorbeugend kann man den Garten mit Repellent-Pflanzen abgrenzen, also mit Pflanzen, die die Tiere aufgrund ihres Geruches meiden. Dazu zählen Schwarze Johannisbeere, Kaiserkrone, Hundszunge, Wolfsmilch, Knoblauch, gegen Maulwürfe Schwertlilie und Steinklee. Die Wirkung gilt als umstritten.

Bei Befall legt man Repellent-Substanzen in die Gänge, z. B. Lebensbaum- oder Nußbaumblätter, Rosenlorbeer, Blätter der Hundszunge oder des Holunders sowie Knoblauchzehen. Auch Rinderklauen (beim Metzger besorgen) wirken abwehrend. Früher wurden mit jedem gepflanzten Obstbaum Klauen eingegraben. Alte Lederschuhe sollen den gleichen Zweck erfüllen. Man kann Wolfsmilchsamen in die Gänge legen, welche die Wühlmäuse gerne fressen, aber tödlich für sie sind. Auch der pflanzliche, im Handel erhältliche Giftköder »Quiritox« tötet die Mäuse.

Die Tiere sind geruchsempfindlich und lassen sich durch stinkende Substanzen vertreiben, die man in die Gänge legt oder gießt, wie Fischköpfe, Heringslake, frischen Ziegenmist, halbvergorene Brennessel- oder Holunderjauche, petroleumgetränkte Lappen.

Das Aufstellen von Fallen mit Ködern

Links:
Unterscheidung
Maus – Wühlmaus –
Maulwurf.
Unten: Maßnah-
men zum Vertrei-

ben lärmempfind-
licher Tiere (Wühl-
mäuse und Maul-
würfe). Maulwürfe
stehen unter Natur-
schutz!

Da die Maus in die
Röhrenfalle nur
hinein, aber
nicht mehr
herauskommt, ist
sie besonders

wirksam. Alle
aufgestellten
Fallen laufend
kontrollieren.

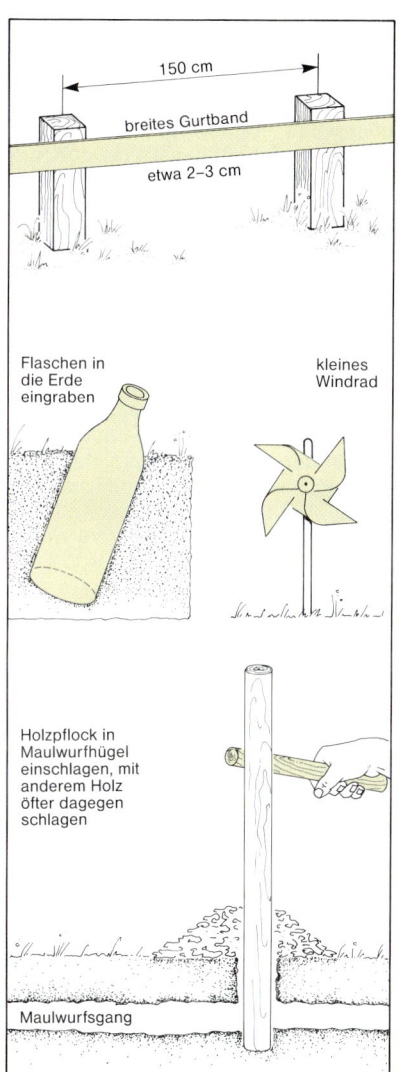

150 cm

breites Gurtband

etwa 2–3 cm

Flaschen in
die Erde
eingraben

kleines
Windrad

Holzpflock in
Maulwurfhügel
einschlagen, mit
anderem Holz
öfter dagegen
schlagen

Maulwurfsgang

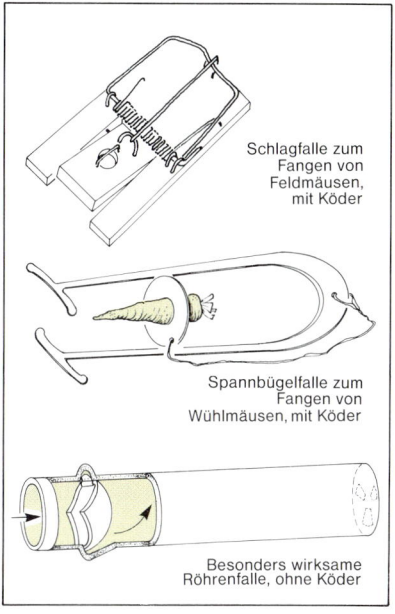

Schlagfalle zum
Fangen von
Feldmäusen,
mit Köder

Spannbügelfalle zum
Fangen von
Wühlmäusen, mit Köder

Besonders wirksame
Röhrenfalle, ohne Köder

ist die direkteste und sicherste Methode. Die Fallen dürfen nicht »nach
Mensch« riechen, sonst gehen die Mäuse nicht hinein. Deshalb sollte man
beim Aufstellen Handschuhe tragen. Im
Handel gibt es verschiedene Arten von
Fallen. Als Köder haben sich halbierte
Haselnüsse, Möhren- oder Sellerie-
stückchen bewährt.

Zu erwähnen sind noch die natürlichen Feinde dieser Tiere: Katzen,
Mauswiesel, Greifvögel, Eulen. Übrigens sind Spitzmäuse Insektenfresser
und zählen somit zu den Nützlingen.
Auf spezielle Schädlinge gehen wir in
den einzelnen Kapiteln (Obst-, Gemü-
se- und Zierpflanzenbau) ein.

Obstbau

Bevor man an den praktischen Obstbau herangeht, wäre es gut, sich durch entsprechende Literatur mit speziellen Kulturmaßnahmen vertraut zu machen. Anhand des vorhandenen Platzangebotes im Garten sollte man sich dann für die Obstarten und Kulturformen entscheiden. Man muß sich also überlegen, ob man z. B. bei Baumobst einen Hochstamm pflanzen will oder kann, oder lieber Spalierobst anbaut. Auch über geeignete Unterlagen und Befruchtersorten sollte man nachdenken. Bei den Entscheidungen kann ein Gespräch mit einem Obstbau-Fachmann helfen. Darüber hinaus sollte man die speziellen Pflege- und Schnittmaßnahmen am besten in einem Praxis-Kurs erlernen. Wann und wo solche Kurse angeboten werden, erfährt man bei den örtlichen Kleingartenverbänden.

Die nachfolgenden Kapitel behandeln nur die wichtigsten Kulturmaßnahmen sowie die speziellen biologischen Behandlungen. Es wird nur auf die wichtigsten Krankheiten und Schädlinge hingewiesen. Zum genauen Erkennen von Schädlingen und Krankheiten empfiehlt es sich, ein Bestimmungsbuch anzuschaffen. Als vorbeugende Behandlung dienen alle bisher aufgeführten Maßnahmen.

Baumobst

Pflanzung

Bäume bleiben mehrere Jahre lang am gleichen Standort stehen. Deswegen ist eine gute Vorbereitung des Bodens vor der Pflanzung erforderlich. Günstig für den Boden wäre eine halb- oder ganzjährige Gründüngung mit Leguminosen. Noch vor der Pflanzung gilt es, den optimalen Standort zu ermitteln. Wildobstarten entstammen der Lebensgemeinschaft des Waldes und Waldrandes. Deswegen können überall dort, wo Waldbäume wachsen, auch Obstgehölze existieren. Ideal sind leicht saure (pH-Wert 5,8 bis 6,5), humushaltige Lehmböden. Zu beachten ist der jeweilige Platzbedarf der einzelnen Pflanze. Wichtig für einen gesunden, ertragreichen Obstbau ist die Sortenwahl, nicht die Ertragshöhe. Man ist sicher besser bedient, besonders aromatische, widerstandsfähige oder krankheitsresistente Sorten zu wählen. Die regionalen Obstbauberater können Empfehlungen dazu geben. Eine blüten- und fruchttragende Hecke um den Obstgarten lockt Insekten, Vögel und andere Nützlinge an und bietet Windschutz (s. Seite 12 ff.).

Gepflanzt wird in der Regel im Herbst. Nur die etwas frostempfindlicheren Arten wie Aprikosen, Nektarinen (die man aber sowieso nur in klimatisch begünstigten Gebieten pflanzt), Pfirsiche und Brombeere werden besser erst im Frühjahr gesetzt.

Eine gute Pflanzlochvorbereitung zahlt sich bei Nutzgehölzen aus. Bereits im September bereitet man die Pflanzlöcher für die Herbstpflanzung im Oktober–November vor. Für jeden Baum wird eine etwa 1 m² große Grube 40 cm tief ausgehoben und darunter nochmals spatenstichtief umgegraben und mit 0,5 kg Gesteinsmehl gut vermischt. Beim Ausheben werden die obersten 15 bis 20 cm Erde, der Mutterboden, vom Untergrund getrennt gelagert. Der Mutterboden wird mit 2 bis 3 Spaten Reifkompost, 2 kg Gesteinsmehl und etwas Holzasche (1 bis 2 Hände voll) gemischt. Damit die Erdschichten bis zur Pflanzung nicht austrocknen, werden sie mit Folie oder Mulch bedeckt.

Vor der Pflanzung schneidet man beschädigte und eventuell kranke (innen braun) Wurzelteile ab. Dann werden die Wurzeln in einen mit Schachtelhalmtee angerührten »Preicobakt«-Brei oder in »Alginure« (Anwendung nach Hersteller-Angaben) eingetaucht (etwa eine halbe Stunde). Zur Pflanzung sollte der Wurzelballen in einen Korb aus Kaninchendraht gesetzt werden (gegen Wühlmäuse). Bei der Pflanzung auf die Veredlungsstelle des Baumes achten. Sie sollte nach der Pflanzung und nach dem Setzen des Bodens etwa eine Handbreit über dem Boden bleiben. Zur Pflanzung wird natürlich erst der Unter- und dann der Mutterboden eingefüllt, danach gründlich gewässert. Der Stützpfahl, 6 bis 8 cm vom Baum entfernt, sollte vorher mit umweltfreundlichen Imprägnierungsmitteln behandelt worden sein. Zum Anbinden verwendet man dickes Sisal, Hanf oder Sackleinen oder ein spezielles Baumband, welches kreuzförmig um Baum und Pfahl gelegt wird. Nach der Pflanzung wird die Baumscheibe mit Mulch bedeckt. Dazu kann man Rindenmulch etwa 5 cm dick auftragen. Der hieraus ausströmende Harzduft geht bis in die Baumkrone und kann Blattläuse fernhalten.

Ab Mai kann Kapuzinerkresse auf die Baumscheibe (etwa 50 cm vom Stamm entfernt) gesät werden. Sie schützt vor Blutläusen und fängt die Schwarze Bohnenlaus, ohne selbst von dieser geschädigt zu werden. Probleme mit Blattläusen (z.B. Mehliger Apfelblattlaus) kann es allerdings im Frühjahr geben, wenn die Kapuzinerkresse und auch die meisten Nützlinge (Ohrwürmer in ihrer Behausung) noch nicht da sind. Hier helfen milde Pflanzenschutzmittel (s. Seite 66 ff.). Allerdings ist eine Bekämpfung meist nicht notwendig, denn die Läuse wandern nach der Blüte ab oder machen kaum Schaden. Auch durch die Einsaat von verschiedenen Gemengen läßt sich eine lebende Pflanzendecke schaffen. Geeignet sind Gemenge aus Gras, Leguminosen und Wildkräutern. Durch laufendes Mähen werden die Bodenorganismen mit frischer organischer Substanz versorgt.

Bei Apfelbäumen auf schwach wachsenden Unterlagen können Untersaaten zur Konkurrenz werden, deswegen mulcht man hier die Baumscheiben besser mit Schnittgut, wobei eine regelmäßige Wühlmauskontrolle erfolgen muß. Treten Wühlmäuse auf, wird nicht gemulcht, sondern besser die Baumscheibe mit Wildkräutern wie Brennessel, Schnittlauch, Petersilie, Knoblauch, *Tagetes* und Wolfsmilch *(Euphorbia lathyris)* bepflanzt. Einjährige Kräuter bleiben stehen, frieren im Winter zurück und bleiben als Bedeckung liegen. Grasmulch sollte nicht auf Baumscheiben liegen, da er häufig dicht lagert und so die Sauerstoffversorgung der Wurzeln einschränken kann.

Düngung und Kulturmaßnahmen

Das Wurzelsystem eines Obstbaumes reicht über die Kronentraufe hinaus.

Die Saugwurzeln, die die Bäume mit Wasser und Nährstoffen versorgen, befinden sich hauptsächlich in der humosen oberen Bodenschicht. Deshalb muß jede tiefere Bodenbearbeitung im und um den Kronenbereich herum unterbleiben. Die Baumscheibe kann im Herbst mit einem Kultivator flach gelockert, dann gedüngt und gemulcht werden. Stehen die Bäume auf einer Wiese oder Rasenfläche, sollte eine kleine Baumscheibe oder zumindest ein Entlüftungsring rund um den Stamm (mind. 30 cm) offen bleiben.

Zur Pflanzung wird, wie beschrieben, die Pflanzenerde mit Reifkompost, Gesteinsmehl und Holzasche vermischt. Damit sind die Bäume im ersten Jahr gut versorgt. Danach werden sie jährlich mit nur sehr geringen Mengen an Kompost gedüngt. Man düngt am besten mit Reifkompost, halbverrottetem holzigem Kompost oder gut verrottetem Stallmist mit etwa 6 kg/m^2 auf die Baumscheibe. Steinmehl und Algenkalk bringen die notwendigen Spurenelemente, Holzasche das Kalium. Gedüngt und gewässert werden sollte über den Kronentraufenbereich hinaus. Im Frühjahr und nach der Ernte sind die Bäume für eine gemischte Jauche aus Brennesseln, Comfrey und Holunderblättern dankbar.

Pflegemaßnahmen

Alle Obstbäume werden im Herbst oder Frühjahr mit »Preicobakt« angestrichen (2 kg »Preicobakt« in 10 l Wasser einrühren, mehrere Tage quellen lassen, mit 20 ml Pflanzenpflegeseife als Haftmittel auftragen). Vor dem Anstrich wird die Rinde mit einer Bürste von Flechten, Moosen und losen Rindenstücken befreit. Die Behandlung darf nur an frostfreien Tagen bei trockener Rinde erfolgen. Das Mittel aktiviert die Rinde, glättet sie, stärkt ihre Zellen und

Der Boden unter Baumobst sollte eine lebende Pflanzendecke erhalten. Ein- **jährige Unter-saaten oder wie hier verschiedene Stauden eignen sich dafür.**

fördert nach Schnittmaßnahmen die Wundheilung. Es wirkt vorbeugend gegen Krankheiten und Schädlinge, verhindert Frostplatten und Rindenrisse, beugt Knospenfraß durch Vögel vor und schützt vor Hasenfraß. Die helle Farbe reflektiert das Sonnenlicht und verhindert die Erwärmung des Stammes. Besonders bei sonnigem Wetter über Schnee werden dadurch Schäden vermieden. Alle Sträucher und Bäume werden zusätzlich in blattlosem Zustand mit »Preicobakt« gespritzt.

An einem frostfreien Tag Ende Februar–Anfang März empfiehlt sich zur Vorbeugung gegen Pilz- und Insektenbefall eine Spritzung mit einem Gemisch aus verdünnter Schachtelhalmbrühe und Rainfarntee. Die Baumscheibe wird mit dem Gemisch begossen und mit Teesatz gemulcht. Einige Pilzkrankheiten »bekämpft« man mit der Schere. Das bedeutet, befallene Pflanzenteile werden bis ins gesunde Holz abgeschnitten (bei Obstbaumkrebs, Monilia, Rotpustelkrankheit, Mehltau). Von Pilzen und Schädlingen befallene Früchte müssen sofort aufgesammelt und vernichtet werden, um Neubefall zu verhindern. Eine der wichtigsten Maßnahmen, allen Krankheiten und Schädlingen vorzubeugen, ist die Schaffung optimaler Bedingungen für die Pflanzen. Zusätzlich werden die Pflanzen durch Algen- und Kräuterextrakte gestärkt. In einem so gepflegten Obstgarten gibt es kaum Probleme.

Pflanzenschutz bei Kernobst

Wie beim konventionellen Obstbau, sollten auch beim biologischen Anbau von Äpfeln regelmäßige Pflegespritzungen erfolgen, insbesondere bei anfälligen Sorten – aber eben mit anderen Mitteln. Ungepflegte Bäume bringen meist nicht den gewünschten Ertrag. Die nachfolgend beschriebenen Spritzungen für Äpfel dienen auch der Gesunderhaltung von Birnen.

Für die Pflegespritzungen gegen **Pilzkrankheiten** stehen mehrere Mittel zur Auswahl: Schachtelhalmtee, »Bio-S«, »Silkaben«, »NAB« (Netzschwefel, Algomin, Bentonit, zu gleichen Teilen mischen, 0,4- bis 0,8%ig spritzen, eventuell mit »Algifert«-Zusatz 0,08%) oder »NAB-Plus« (käuflich), wobei Vorsicht bei schwefelempfindlichen Apfelsorten (insbesondere 'Berlepsch'; aber auch 'Cox Orange') geboten ist. Schwefel ist in »Bio-S« und »NAB« (Plus) enthalten. »Silkaben« ist ein hochwirksames Steinmehl gegen Pilzkrankheiten mit insektizider Nebenwirkung. Wie die Mittel anzuwenden sind, entnimmt man den Hersteller-Angaben.

Bei Pflegespritzungen können noch Algenpräparate wie »Algan« oder »Algifert«, zur allgemeinen Stärkung Brennesseltee oder -jauche zugesetzt werden. Bei Schädlingsbefall wird mit insektizidwirkenden Mitteln (s. Seite 66 ff.) gemischt. Die Vorbeugespritzungen gegen Pilzkrankheiten beginnen mit der Vorblüte. Bei Frostgefahr in der Blütezeit kann Baldrian-Blüten-Extrakt beigemischt und spät nachmittags (17 bis 18 Uhr) gespritzt werden. Ab Mitte Juni bis Ende August wird regelmäßig alle 14 Tage gegen die **Obstmade** und den **Fruchtschalenwickler** gespritzt, am besten mit »Silkaben« und »Algifert« (50 g + 5 g). In dieser Zeit

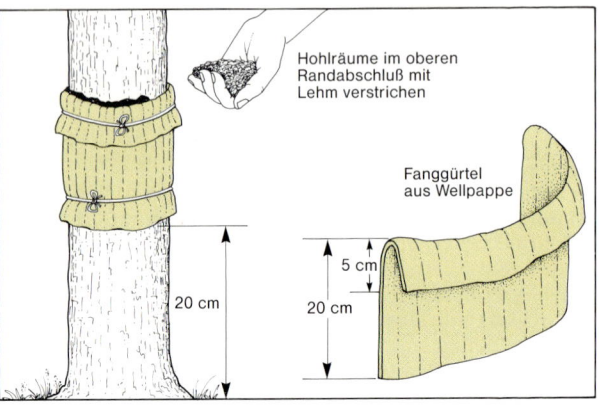

Zum Abfangen der Raupen von Apfel- oder Pflaumenwickler werden ab Ende Mai Wellpappe-Gürtel um die Bäume gelegt. Bei Kernobst wird der Fanggürtel in 20 cm Abstand vom Boden angebracht, bei Steinobst dagegen am Stammgrund.

Hohlräume im oberen Randabschluß mit Lehm verstrichen

Fanggürtel aus Wellpappe

20 cm

5 cm

20 cm

fliegen die Falter des Fruchtschalenwicklers und des Apfelwicklers (= Obstmade). Sie geht auch an anderes Kernobst). Durch das Spritzen verliert der Baum seinen arttypischen Duft, der die Falter anzieht. Die Spritzungen wirken auch gegen Schorf und Rote Spinne. Gegen Apfelwickler helfen statt »Silkaben« auch regelmäßige Spritzungen mit abwehrenden Kräuterbrühen wie Wermut und Rainfarn. Zusätzlich sollte man die Baumscheiben vier Wochen vor der Ernte mit Algenkalk und Holzasche bestäuben. Die Fruchtschalenwickler-Raupen verlassen in der Vorblütezeit ihr Winterquartier. Findet man beim Auszählen von 100 Blütenbüscheln mehr als 5 Raupen, werden zu den Schorf-Vorbeugespritzungen Insektizide beigemischt. Zusätzlich sollte man gegen den Apfelwickler ab Ende Mai Fanggürtel anlegen (s. Abbildung). Die Raupen der ersten Generation verkriechen sich hier. Ab Ende Juni bis Mitte September wird laufend auf Raupenbefall kontrolliert, befallene Fanggürtel werden vernichtet. Befallene Früchte neigen zur Frühreife und fallen vorzeitig ab. Solche Früchte also schnellstens aufsammeln.

Leimringe gegen **Frostspanner** sollten im Oktober nur dann angebracht werden, wenn man im Frühjahr zuvor Fräßschäden festgestellt hat, da sich auch Nützlinge im Leim verfangen. Grünes Leimgürtelpapier lockt die Nützlinge nicht so stark an wie weißes. Fangen will man das flugunfähige Weibchen des Frostspanners, welches am Stamm emporkriecht und seine Eier in die Nähe der Winterknospen ablegt. Der eigentliche Schädling ist die geschlüpfte Raupe, die von März bis Mai an jungen Blüten, Blättern und Früchten frißt. Bei festgestellten Fräßschäden wird als Sofortmaßnahme mit insektiziden Mitteln oder mit einem Bakterienpräparat gespritzt (*Bacillus thuringiensis*, Handelspräparat »Dipel«, frisches Präparat verlangen!).

Pflanzenschutz bei Steinobst

Steinobst ist unempfindlicher als Kernobst und braucht weniger Pflege. Der **Pflaumenwickler**, verantwortlich für »wurmige« Pflaumen, ist mit der Obstmade des Kernobstes nahe verwandt. Gegen die Raupen des Pflaumenwicklers helfen die gleichen Maßnahmen wie gegen den Apfelwickler. Die Fanggürtel sollten aber den Stammgrund umgeben. Befallene und heruntergefallene Früchte sofort aufsammeln.

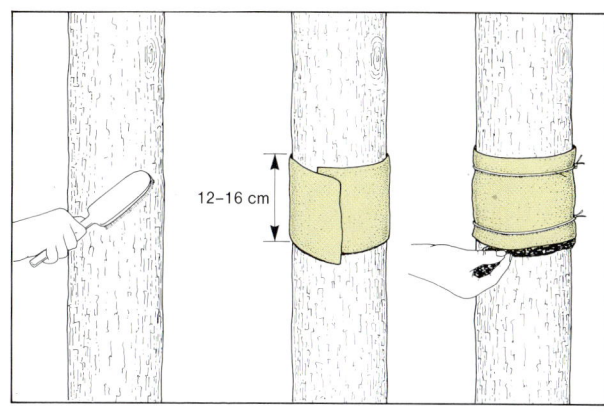

12–16 cm

Leimringe sollen das flugunfähige Weibchen des Frostspanners fangen, das den Stamm hochkriecht. Im Leimring verfangen sich jedoch auch Nützlinge. Er wird im Oktober angelegt und im Dezember wieder entfernt.

Die **Kirschfruchtfliege** verursacht madige Kirschen. Sie legt ab Mitte Mai bis Juli ihre Eier an die noch unreifen Süßkirschen. Je später eine Kirsche reift, desto stärkeren Schaden kann die Kirschfruchtfliege anrichten. Sie tritt aber nur in wärmeren Klimaten auf, deswegen werden vor allem Kirschbäume in südlichen (in Deutschland etwa ab Koblenz), oder geschützten, tiefer gelegenen Standorten heimgesucht. Zum Abfangen der Kirschfruchtfliege haben sich spezielle Gelbfallen bewährt. Je Baum werden Mitte Mai 4–10 Fallen aufgehängt und nach der Ernte wieder entfernt. Zusätzlich werden, wie gegen den Apfelwickler, abwehrende Kräuterbrühen gespritzt, z.B. Wermuttee (3 Wochen nach der Blüte beginnend, mehrmals spritzen). Die grünen Kirschen können auch mit Holzasche bestäubt und dann nach einer Woche mit Schachtelhalm- und Brennnesseljauche gespritzt werden. Da sich die Maden im Boden verpuppen, dort überwintern und erst bei genügender Bodenwärme ausschlüpfen, ist dickes (5–8 cm) Mulchen im Frühjahr wichtig, da dadurch die Bodenerwärmung verlangsamt wird. Kranke und vorzeitig abgefallene Früchte aufsammeln (Folie um den Baumgrund legen).

In feuchten Jahren kann der Pilz **Monilia** vor allem an Sauerkirschen die **Spitzendürre** verursachen. Befallene Pflanzenteile müssen sofort bis ins gesunde Holz zurückgeschnitten und vernichtet werden. Vorbeugend pflanzt man Meerrettich auf die Baumscheibe und spritzt bei verregneter Blüte oder vorjährigem Befall direkt Meerrettich-Tee zu Blühbeginn, zur Hauptblüte und zum Blühende, um ein Auskeimen der Pilzsporen zu verhindedrn. Zusätzlich gießt man 5 l Brennesseljauche, vermischt mit 5 l Wasser und 0,5 l Wasserglas, im Kronenbereich auf den Boden.

Bei Pfirsichen und seinen Verwandten ist die **Kräuselkrankheit** das Hauptproblem. Der Pilz überwintert an der Rindenoberfläche und befällt ab Frühjahr die austreibenden Blätter, die sich kräuseln, rot aufwerfen und schließlich abfallen. Hier helfen die für Kernobst angegebenen Behandlungen mit »Preicobakt«, zusätzlich bei Knospenschwellen 0,5 l Wasserglas + 100 g »Algomin«, oder, noch wirksamer, ein Kupferpräparat bei beginnendem Austrieb. Vorbeugend hilft eine Unterpflanzung mit Meerrettich, Knoblauch, oder Untersaat von Kapuzinerkresse und eine zusätzliche Stärkung. Dazu stößt man im Herbst mit einem Stock im Bereich

der Kronentaufe 10 bis 12 Löcher, füllt sie mit Basaltmehl und gießt Schachtelhalmjauche hinein. Zusätzlich streut man 2 kg Algenkalk auf die Baumscheibe. Bei vorjährigem Befall oder kaltem nassem Wetter sollte man beim Austreiben der Blätter verdünnte Brennesseljauche mit etwas Algenkalk spritzen, etwa alle 2 Wochen bis zur Ernte. Alle befallenen Pflanzenteile entfernen!

Strauchbeerenobst

Beerensträucher bevorzugen sonnige, windgeschützte Standorte, nur die Stachelbeere verträgt etwas Schatten. Am besten wird das Strauchbeerenobst an einem stabilen Drahtspalier gezogen. Es werden feuchte, aber durchlässige, humose, lehmhaltige Böden bevorzugt. Die Bodenreaktion muß bei Himbeeren leicht sauer (pH 5,5 bis max. 6,0) sein.

Für die anderen Beerensträucher sollte sie im neutralen Bereich liegen, Stachelbeeren lieben kalkhaltigen Boden.

Pflanzung

Vor der Pflanzung sind die Wirkungen der Pflanzen aufeinander zu beachten (Allelopathie). Himbeeren vertragen keine enge Nachbarschaft oder einen Nachbau nach Brombeeren. Johannisbeeren können im Wechsel mit Stachelbeeren gepflanzt werden. Die schon erwähnte Untersaat mit Ringelblumen oder Kapuzinerkresse, die durch Selbstaussamen jährlich wieder erscheint, hilft Läuse abzuwehren, bzw. abzufangen. Ebenso helfen eingepflanzte Knoblauchzehen (je Strauch eine Zehe), die bei Himbeeren zudem vorbeugend gegen Grauschimmelfäule wirken. Wermut zwischen Schwarze Johannisbeeren (eine Staude auf 4 bis 5 Johannisbeeren) gilt als vorbeugendes Mittel ge-

Links: Auch bei der Johannisbeere können gespannte Drähte als Stütze für fruchtbehangene Zweige dienen.

Rechts: Erziehungsformen bei Strauchbeerenobst. Für Himbeeren reicht ein einfaches Drahtgerüst, an das die einjährigen Triebe festgebunden werden. Brombeeren benötigen ein stabiles, etwa 1,5 m hohes Spalier, an das die ein- und zweijährigen Triebe entlanggeleitet und angebunden werden. Um nicht auseinanderzubrechen, braucht das Stachelbeer-Kronenbäumchen eine stabile Stütze.

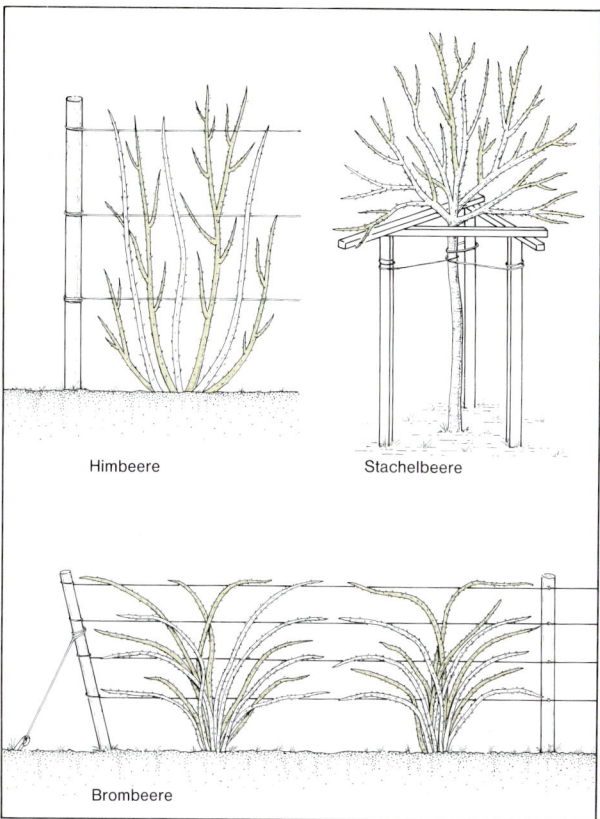

Himbeere

Stachelbeere

Brombeere

gen Säulenrost. Schwarze Johannisbeeren sollten nicht in die Nähe von Weymouths-Kiefern gepflanzt werden, da auf ihnen die Pilzsporen des **Säulenrostes** überwintern. Schwarze Johannisbeeren gedeihen gut in der Nachbarschaft von Sauerkirschen.

Die Pflanzvorbereitungen und die Pflanzung selbst sind wie beim Baumobst vorzunehmen. Die Pflanzgrube braucht aber nur 80 × 80 cm und 40 cm tief (20 cm ausgehoben und 20 cm darunter umgraben) sein. Die ausgehobene Erde wird gut mit Reifkompost, Steinmehl und Algenkalk (bei Himbeeren kein Kalk) vermischt. Dann wird ge

pflanzt und jeder Strauch etwas angehäufelt. Je natürlicher die Standortbedingungen und je besser die Pflanzvorbereitungen sind, um so weniger Probleme wird man während der Kultur mit Krankheitsbefall haben.

Düngung und Kulturmaßnahmen

Alle Strauchbeerenarten sind Flachwurzler und werden deshalb am besten ganzjährig mit einer je nach Material etwa 5 bis 8 cm starken Mulchschicht geschützt. Keinesfalls darf der Boden gehackt oder anderweitig bearbeitet werden. Saure Bodenbedingungen für die

Himbeeren sind durch eine Mulchdecke aus Laub- und Nadelkompost bzw. eine Laubbedeckung im Herbst zu schaffen. Ansonsten wird mit halbverrottetem (Rinder- oder Pferde-) Stallmist oder halbreifem Kompost im Herbst ähnlich dick abgedeckt. Dies dient gleichzeitig der Düngung und ist dafür ausreichend.

Auch Lebendmulch mit Weiß- oder Erdklee ist sinnvoll, wie auch eine Untersaat mit Kapuzinerkrese oder Ringelblumen im Sommer. Bei Lebendmulch ohne Kompost- oder Mistgaben, sollte im Frühjahr eine leichte Stickstoff-Düngung, etwa 50 g/m² Hornspäne, gegeben werden. Bei Strohmulch wird die Zusatzdüngung verdoppelt.

Während des Jahres wird zum Austrieb und zur Blüte Brennesseljauche, gemischt mit anderen Kräutern wie Comfrey, Schachtelhalm und Rainfarn, zur Pflanzenstärkung gegeben. Himbeeren und Stachelbeeren sind für eine leichte Kaliumdüngung mit Holzasche oder Comfrey als Mulch oder Jauche dankbar. Insgesamt wird auch hier sparsam gedüngt. Zuviel Stickstoff begünstigt Pilzerkrankungen wie z.B. den Grauschimmel oder Mehltau.

Die wichtigste Pflegemaßnahme beim Strauchbeerenobst ist der regelmäßige Schnitt. Abgetragene und ältere Zweige sowie schwach-und nach innen wachsende Zweige, eventuell kranke Teile, müssen entfernt werden. Die Schnittmaßnahmen sind einfacher als bei Baumobst. Doch auch hier wäre es gut, sich anhand von spezieller Literatur oder besser noch unter Aufsicht von Fachleuten in einem Schnittkurs mit der Technik vertraut zu machen.

Pflanzenschutz und Pflege

Als vorbeugende Maßnahme empfiehlt sich für alle Sträucher nach dem Laubfall eine Behandlung mit »Preicobakt«. Während der Kultur mit kieselsäurereichen Mitteln (Ackerschachtelhalm, Algenpräparate, Steinmehle) spritzen.

Wenn Himbeeren am falschen Standort oder auf dem falschen Boden stehen, kann die **Rutenkrankheit** Probleme bereiten. Sie zeigt sich anfangs durch graue, später durch violett braune Flecken, die Rinde platzt, und die Triebe sterben ab. In diese Risse können Schädlinge **(Himbeergallmücke)** ihre Eier ablegen. Kranke Pflanzenteile werden sofort herausgeschnitten und vernichtet. Zum Abhärten der jungen Triebe werden diese im Spätsommer und Herbst mit »Bio S« gespritzt.

»Madige« Himbeeren verursacht der **Himbeerkäfer**. Er fliegt von Mai bis Juni und wird am besten abgesammelt. Vorbeugend können die Ruten und der Boden, in dem sich die Raupen verpuppen, mit Rainfarntee gespritzt werden. Die Holzpfähle des Stützgerüstes sind ein beliebter Überwinterungsplatz für die Käfer. Sie werden deshalb im Herbst mit einem »Preicobakt«-Brei, in Rainfarntee angerührt, bestrichen.

Brombeeren sind weniger anfällig als Himbeeren. Die vorbeugenden Behandlungen können wie bei dieser Kultur durchgeführt werden. Ein arttypischer Schädling ist die **Brombeermilbe**, die durch ihre Saugtätigkeit kleine, verkrüppelte, hellrote und saftarme Beeren verursacht. Vorbeugend helfen Schnittmaßnahmen, ganzjähriges Mulchen sowie Spritzen mit einer mit Rainfarntee

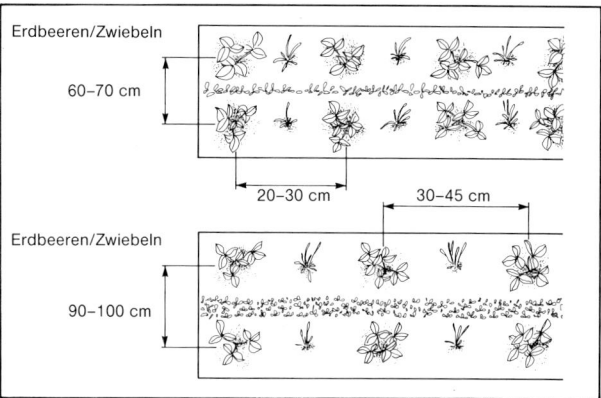

Oben im Bild: Für die einjährige Erdbeerkultur wird bis Ende Juli gepflanzt. Zwischen den Reihen kann im Herbst Feldsalat oder Winterportulak stehen. **Unten im Bild:** Die zwei- oder mehrjährige Erdbeerkultur kann bis Anfang August gepflanzt werden.

Erdbeeren/Zwiebeln

60–70 cm

20–30 cm   30–45 cm

Erdbeeren/Zwiebeln

90–100 cm

angemischten Algenkalk-Brühe im Herbst und zweimal im Frühjahr. Zum Austrieb dreimal mit »Bio S« alle 10 Tage spritzen.

Bei Johannisbeeren sind an Pilzkrankheiten die **Blattfallkrankheit** und der an schwarzen Sorten vorkommende **Säulenrost** zu nennen. Vorbeugend wird im Frühjahr sowie mehrmals vor und nach der Blüte mit Wermuttee, mit Zusatz von kieselsäurehaltigen Substanzen oder auch »Bio S«, tropfnaß – auch blattunterseits – gespritzt.

Bei tierischen Schädlingen ist neben der **Johannisbeerblasenlaus**, die man aber nicht bekämpfen muß, die Gallmilbe zu nennen, die die roten und schwarzen Sorten befällt. Den Befall erkennt man bei Schwarzen Johannisbeeren an den verdickten Blütenknospen. Bei Roten Johannisbeeren treten diese sogenannten Rundknospen nicht auf. Befallene Teile müssen ausgeschnitten und vernichtet werden. Vorbeugend wird mit »NAB-Plus«-Mischung oder selbsthergestellter NAB-Brühe (s. Seite 81) gespritzt. Gespritzt wird nach dem Laubfall, im Frühjahr nach dem Aufbrechen der Knospen und nach dem Abfallen der Blütenblätter.

Hauptproblem bei den **Stachelbeeren** (und bei den Schwarzen Johannis-

beeren) ist der **Amerikanische Stachelbeermehltau**. Gutgepflegte Sträucher sind weniger anfällig. Gefördert wird der Mehltau durch bestimmte kleinklimatische Verhältnisse wie Schatten, zuviel Feuchtigkeit, zu enge Standweiten und durch starke Düngung. Deswegen ist für gute Durchlüftung im Bestand und Licht durch entsprechende Schnittmaßnahmen zu sorgen. Am besten wird gleich nach der Ernte geschnitten, denn zu starker Winterschnitt begünstigt Mehltaubefall.

Mehltau-befallene Triebe schneidet man bis ins gesunde Holz zurück. Vorbeugend kann eine Spritzmischung aus Schachtelhalm und Rainfarn erfolgen. Bei Befall wird mit Farnkrautextrakt gespritzt, mindestens dreimal, oder einmal vor und einmal nach der Blüte mit »Bio S«. Weitere vorbeugende Maßnahmen sind ausreichende »Algomin«-Gaben und das Stäuben mit »Algomin« vor und nach der Blüte.

Erdbeeren

Die heutigen Erdbeer-Sorten sind licht-, wärme- und feuchtigkeitsbedürftig. Sie gedeihen am besten auf humosen, leicht sauren Böden in windgeschützter Lage.

Rechts: Jedes
Fleckchen wird
gut genutzt.

Hier bedecken
Erdbeeren- und
Zuckerhutreihen

die Fläche unter
den noch jungen
Obstbäumen.

An sonnigen Standorten sind die Früchte am aromatischsten.

Pflanzung

Als einjährige Kultur paßt die Erdbeere gut in die Gemüse-Fruchtfolge. Robuste und ertragreiche Sorten sind 'Elvira', 'Korona' und 'Tenira'. Die bekannte und schmackhafte Sorte 'Senga Sengana' ist kleinfrüchtig und anfällig für Grauschimmel.

Erdbeeren dürfen nicht nach Erdbeeren stehen. Man muß mindestens 4 Jahre warten, bevor man Erdbeeren wieder auf der gleichen Fläche anpflanzt. Ungünstig ist eine Pflanzung auf Grünland-(Gras-)Umbruch, da es hier oft zu Ausfällen durch Drahtwürmer, Engerlinge und Stengelälchen kommt. Gute Vorkulturen sind Frühkartoffeln oder Leguminosen wie Erbsen oder Dicke Bohnen. Eine Zwischenkultur der Tagetes-Sorte 'Nemanon' oder mit Ringelblumen beugt Nematodenbefall vor.

Die Einjahreskultur muß bis Ende Juli gepflanzt sein, die Mehrjahres-Kultur wird Ende Juli–Anfang August gepflanzt. Nach der Pflanzung wird mit verdünnter Brennesseljauche (1:20) angegossen. Pflanzabstände bei einjähriger/mehrjähriger Kultur: 60 bis 70 cm/90 bis 100 cm Reihenabstand, 20 bis 30 cm/30 bis 45 cm in der Reihe. Günstig sind Mischkulturen mit Zwiebelgewächsen oder kleinwachsendem Gemüse wie Spinat oder Feldsalat. Nach der Pflanzung kann dünn gemulcht werden. Ein Mulch mit halbverrottetem Laub und holzigen Abfällen ahmt den Waldcharakter nach. Sehr gut als ganzjährige oder auch mehrjährige Mulch-

auflage ist Lavagranulat geeignet. Es speichert Wärme und Feuchtigkeit, gleichzeitig bleibt aber die Bodenoberfläche trocken (feuchter Boden begünstigt Grauschimmel). Zudem meiden Schnecken die spitzkörnigen Steine.

Kurz vor und während der Ernte kennzeichnet man für die nächste Pflanzsaison ertragreiche, gesunde Einjahrespflanzen zur späteren Ablegerentnahme. Besser geeignet ist Pflanzgut von einem anerkannten Vermehrungsbetrieb.

Pflegemaßnahmen

Bis Ende September achtet man auf eine optimale Bewässerung, die die Blütenknospenbildung für das kommende Jahr fördert. Zur Ernteverfrühung wird ab Austrieb bis zum Blühbeginn Vliesfolie aufgelegt. Besteht bei beginnender Blüte Spätfrostgefahr, so wird spätnachmittags mit Baldrian-Blütenextrakt gespritzt.

Zu Blühbeginn bringt man einen dicken (5 bis 8 cm) Mulch mit Stroh oder Holzwolle auf. Bei Trockenheit wird frühmorgens über die Mulchauflage bewässert. Die Pflanzen sollten nicht naß werden (Gefahr von Grauschimmelbefall!). Bereiten Schnecken Probleme, wird mit Farnkraut im frühen Frühjahr und nach der Ernte gemulcht, was neben den Schnecken auch die Erdbeerblütenstecher fernhält (bei Schneckenproblemen s. Seite 72 ff.).

Düngung

Ins Pflanzloch gibt man jeweils etwa 2 Handvoll Reifkompost. Zusätzlich

können zur Pflanzung 50 bis 80 g/m² Hornspäne gedüngt werden. Im Frühjahr darf keine Stickstoffdüngung erfolgen, da sich sonst die Anfälligkeit für Pilzkrankheiten erhöht. Jedoch kann im Frühjahr, nach dem Ausputzen der Pflanzen, Basaltsteinmehl um die Pflanzen herum gestreut werden. Es fördert die Blütenentwicklung und beugt Krankheiten vor.

Bei mehrjähriger Kultur werden die Blätter nach der Ernte (spätestens Mitte Juli) abgeschnitten (Herz nicht verletzen) bzw. abgemäht und die Pflanzen auf 10 cm breite Streifen abgestochen. Danach werden Ableger entfernt, der Boden gelockert, die Pflanzen gedüngt und zusätzlich mit Brennesseljauche gegossen. Bei guter Pflege läßt sich ein Erdbeerbeet 2 bis 3 Jahre benutzen, die Früchte werden aber von Jahr zu Jahr kleiner. Rechtzeitig (bis spätestens Ende Juli) gepflanzte einjährige Erdbeeren bringen meist höhere Erträge und grö-

ßere Früchte und sind außerdem weniger krankheitsgefährdet.

Pflanzenschutz

Probleme kann die **Grauschimmelfäule** *(Botrytis cinerea)* besonders bei feuchtwarmer Witterung bereiten. Vorbeugend hilft die Mischkultur mit Zwiebelgewächsen wie Knoblauch, Steck- oder Säzwiebeln, Porree o. ä. Zusätzlich sollte man mehrmals vor und während der Blüte mit kieselsäurehaltigen Präparaten (Ackerschachtelhalm, Algenpräparaten, Steinmehl o. ä.) oder »Bio S« spritzen. Befallene Pflanzenteile und Früchte müssen auf jeden Fall sofort entfernt und vernichtet werden. Zur Vorbeugung taucht man die Setzlinge vor der Pflanzung 20 Minuten lang in »SPS« oder »Bio S«. Nach der Pflanzung am besten leicht anhäufeln, so daß die Pflanzen auf einem flachen Damm und somit trockener stehen.

Gemüsebau im Freiland

Der Anbau von Gemüse verlangt nicht so viele spezielle Kenntnisse und Vorbereitungen wie das Baumobst. Trotzdem hat jede Art ihre individuellen Ansprüche, mit denen man sich vertraut machen sollte. Im Rahmen dieser Schrift können nur die wichtigsten Anbauhinweise sowie die speziellen biologischen Behandlungen aufgeführt werden. Dabei werden nur die artspezifischen Krankheiten und Schädlinge genannt. Zur genauen Bestimmung von pilzlichen und tierischen Schadbildern ist die Benutzung eines Bestimmungsbuches empfehlenswert. Als vorbeugende Behandlungen dienen alle bisher aufgeführten Maßnahmen. Im folgenden gehen wir auf die Pflanzen ein, die in unseren Breiten im Freiland angebaut werden können.

Welche Gemüse anbauen?

Je nach Gartengröße und eigenem Geschmack wird man sich seinen Gemüse-Anbauplan zusammenstellen. Empfehlenswert sind Arten, die sich laufend als Rohkost eignen, wie alle Salatarten, Möhren, Radies, Rettich, Freiland-Salatgurken, Tomaten, Zwiebeln etc. Zu überlegen ist, ob der Eigenanbau von Kopfkohl und Blumenkohl sinnvoll ist (s. Seite 98). Insgesamt dankbar sind mehrfach zu erntende Gemüse wie Busch- und Stangenbohnen, Mangold, Neuseeländer Spinat, Schnitt- und Pflücksalate. Wer Erbsen und anderes »Industriegemüse« nur aus der Dose oder tiefgefroren kennt, wird beim Selbstanbau erkennen, wie delikat diese Gemüse sein können.

Wie anbauen?

Am besten teilt man die Nutzgartenfläche in einzelne, etwa 1,2 m breite Beete ein. Die Beetlänge richtet sich nach der Gartengröße. Bei zu langen Beeten sollte besser nochmals eine Quereinteilung erfolgen. Es besteht aber auch die Möglichkeit, die Saat- oder Pflanzreihen, statt der Länge nach, quer anzulegen, denn häufig sind die Ernteeinheiten bei langen Reihen für den Direktverzehr zu groß. Quer zum Beet kann man schnellwachsendes Gemüse wie Salat, Radies o. ä. in Sätzen gestaffelt nacheinander säen bzw. pflanzen.

Will man nach strengen Fruchtfolgeregeln arbeiten, wird in drei Beete unterteilt (s. Seite 56) und im Wechsel je nach Nährstoffbedürftigkeit gearbeitet. Zusätzlich werden bei Bedarf noch Beete für Dauerkulturen angelegt.

Düngung

Entsprechend dieser Einteilung erfolgt die organische Düngung. Im Nutzgarten werden im Herbst die Gemüsebeete bis auf die überwinternden Kulturen wie Rosenkohl, Wirsing, Winterporree, Feldsalat, Winterpostelein und überwinternde Möhren (mit einer etwa 20 cm dicken Strohschicht + Lochfolie abgedeckt) abgeräumt. Die leeren Beete werden gelockert (s. Seite 40) und dann winterfest gemacht, also durch eine Bodendecke vor zu starkem Ausfrieren geschützt. Zum Mulchen über Winter eignen sich halbreifer Kompost oder Stroh. Bevor man allerdings an die Arbeit des Mulchens geht, sollte man ei-

Im Gegensatz zu anderen Kohlarten erscheint der Anbau von Brokkoli ideal. Er kann von Juni bis zum Frost laufend schmackhaftes Gemüse liefern. Die Seitensprossen treiben immer wieder aus.

nen Anbauplan für das kommende Jahr erstellen (s. Seite 56).

Zukünftiges Starkzehrerbeet
Der Boden wird im Herbst etwa 5 cm dick (4 bis 6 kg/m^2) mit halbreifem Kompost bedeckt. Bis zum Frühjahr ist das Material schon gut nachgerottet. Es wird dann kurz durchgearbeitet, eventuell noch gröbere Teile werden ausgeharkt. Nun wird der Boden mit einem Krail oder Grubber (Kultivator) durchgezogen und so der Kompost oberflächig eingearbeitet.

Oft hat man für die Winterbedeckung nicht genügend eigenen Kompost. Dann muß man sich zusätzliches Material besorgen. An erster Stelle ist Stallmist (Kuh- oder Rindermist) zu nennen. In städtischen Regionen kommt man an diese Mistarten schwer heran. Hier kann man auf Pferdemist (auf Strohbasis) von Reitställen ausweichen. Entgegen alten Gepflogenheiten sollte der Mist nicht untergegraben werden, sondern er sollte lediglich den Boden bedecken. Bei strohigem Mist kann man bis zu 10 cm dick streuen und das im Frühjahr noch nicht verrottete Stroh abharken und auf den Komposthaufen geben. Bei festerem Mist darf nur etwa 5 cm dick aufgetragen werden. Der Mist wird im Frühjahr wie Kompost eingearbeitet.

Vor einer Starkzehrerkultur bietet sich zur Winterbedeckung auch eine Überwinterungs-Gründüngung aus einem Leguminosengemisch an (s. Seite 48 ff.).

Zukünftiges Mittelstarkzehrerbeet
Der Boden wird im Herbst nur etwa 2 cm dick (1 bis 2 kg/m^2) mit ausgereiftem Kompost oder gut abgelagertem Mist bedeckt und ebenfalls im Frühjahr eingearbeitet.

Zukünftiges Schwachzehrerbeet
Diese Pflanzenarten vertragen keine frische organische Düngung. Deswegen verwendet man als schützende Bodendecke über den Winter Stroh. Damit werden die Beete etwa 10 cm dick bedeckt. Im Frühjahr wird das Stroh wieder abgeharkt für eine anderweitige Verwendung.

Jungpflanzen

Auf jeden Fall sollte man vor dem eigentlichen Anbau eine Kultur- und Fruchtfolgeplanung aufstellen. Hilfreich ist ein Gartentagebuch, in das man alle Arbeiten und Kulturdaten, Sorten, Düngung, Pflanzenschutz, Pfle-

Eine schwarze
Mulchfolie unter
wärmebedürftigen
Kulturen wie
Zucchini erhöht die
Bodentemperatur.

Kompost oder Mist
werden als
Düngung flach
eingearbeitet, dann
wird ein leichter
Hügel geformt.

ge, Erfolg oder Mißerfolg, einträgt. Solche Aufzeichnungen sind auch dienlich, wenn man zu Problemen bei Fachleuten Rat einholen will.

Für den Anbau selbst eignen sich je nach Gemüseart verschiedene Methoden:

- Direktsaat mit späterem Vereinzeln auf den erforderlichen Abstand
- Saat ins (Früh-)Beet mit späterem Verpflanzen
- Pflanzung von gekauften Setzlingen mit oder ohne Topfballen
- Pflanzung von selbst herangezogenen Setzlingen. Dazu Aussaat und Pikieren in Töpfe, Kisten, Multiplatten, Jiffy-Strips o. ä.

Beim Saatgut kann man wählen zwischen normalem, kalibriertem (auf bestimmte Korngröße abgesiebtem) und pilliertem (mit einer Hüllmasse umgebenen) Saatgut. Kalibriertes und pilliertes Saatgut bringen einen einheitlichen Pflanzenbestand hervor und sind bei feinsamigen Arten wie z. B. Möhren zu empfehlen. Bei den speziellen Saatgutangeboten wie Saatbändern und Saatteppichen ist gleich der richtige Pflanzenabstand vorgegeben. Jetzt ist auch »Biosaatgut« auf dem Markt erhältlich. Hier handelt es sich meist nicht um Saatgut aus alternativem Anbau, sondern um herkömmliches, welches mit Kräutern vorbeugend gegen Auflauf- und andere Pilzkrankheiten behandelt wurde anstatt mit chemischen Beizmitteln. In Versuchen konnten keine Unterschiede zwischen unbehandeltem und Biosaatgut festgestellt werden. Deswegen kauft man besser das meist billigere, völlig unbehandelte Saatgut. Man kann selber Versuche mit Saatbä-

dern anstellen. Dazu gibt man das Saatgut in ein Leinensäckchen, taucht es für 10 bis 15 Minuten in eine abgekühlte Kräuterlösung (z. B. Kamillentee, Baldrianblütensaft, Schachtelhalm, Knoblauch- oder Meerrettichtee oder -extrakt) oder in SPS, trocknet es und sät sofort aus.

Die eigene Jungpflanzenanzucht bringt den Vorteil mit sich, daß man sich die Sorte der jeweiligen Gemüseart aussuchen kann. Denn beim Kauf von Jungpflanzen erhält man meist nur namenlose Sorten. Es gibt eine Reihe Standardsorten im Gemüsebau, doch verhalten sich die Sorten regional unterschiedlich. Daneben kommen jedes Jahr neue Sorten auf den Markt, so daß wir hier keine Sortenempfehlungen geben können.

Wichtig bei der eigenen Anzucht ist, daß man hochwertiges, gut keimfähiges Saatgut verwendet und kein altes, überlagertes. Zur Aussaat und Jungpflanzenanzucht in Gefäßen wird gut verrottete, alte Komposterde, mit Sand und eventuell Lehmerde vermischt, verwendet. Das Angießen der Setzlinge nach der Pflanzung mit stark verdünnter Brennesseljauche (1:20) bewirkt einen guten Start. Die Jungpflanzen können vorher auch in solch eine Jauche oder in SPS-Lösung getaucht werden. Zur Pflanzung braucht man die schon vorher gemulchten Beeten nur das Pflanzloch freimachen. Meist ist der Boden unter der Mulchdecke so locker, daß keine Bodenbearbeitung mehr erforderlich ist. Bei der Pflanzung wachsen Setzlinge mit Wurzelballen besser an und ergeben einen gleichmäßigeren Bestand.

Gepflanzt werden alle empfindlichen und wärmebedürftigen Pflanzen und solche mit größerem Standraumbedarf wie Kohl, Sellerie, Tomaten etc. Es können aber auch einige typische Sägemüse im geschützten Bereich (Frühbeetkasten, Haus) vorkultiviert werden wie z. B. Erbsen oder Bohnen im Frühjahr. Oft gibt es Schwierigkeiten beim Auflaufen, häufig verfaulen die Samen, oder Vögel oder Schnecken fressen die jungen Keimlinge. Pflanzung oder Bedecken mit Folie oder Vlies kann eine frühere und bessere Ernte bringen.

Mulchen

Neben den auf den Seiten 39 ff. und 91 genannten Mulchverfahren kennt man im Gemüsegarten auch das Mulchen mit Folie, Vlies oder Mulchpapier. Solche Materialien setzt man dort ein, wo sich eine Mulchdecke aus organischem Material aufgrund des Isolierungseffektes negativ auswirken könnte. Dies gilt für wärmeliebende Pflanzen wie Kürbisarten, Tomaten, Paprika, Auberginen, deren Anbau im Freiland ohnehin schwierig ist. Schwarze Folie oder Papier, die die Bodentemperatur erhöhen, werden schon möglichst früh (Mitte bis Ende April) auf das vorgesehene Beet verlegt. Dabei wird zuerst die eine Seite eingegraben. Als Düngung für die Starkverzehrer wird Kompost oder Stallmist verteilt und leicht eingearbeitet, ein leichter Hügel geformt und der Boden eventuell bewässert. Dann wird die Folie oder das Papier auf die andere Seite herübergezogen und dort eingegraben. In die Mitte schneidet man mit einem Messer kreuzartig Schlitze ein, in die die Samenkörner oder die vorgezogenen Pflanzen gesetzt werden. Auf Mulchfolie oder -papier angebautes Frühgemüse wie Salat oder Kohlrabi reift früher und ist gesünder.

Daneben läßt sich durch Untersaat ein Lebendmulch schaffen. In Versuchen hat sich Klee (Weiß- oder Erd-

Unter Kultur-
pflanzen, die
längere Zeit auf
einem Platz stehen
und weiten Pflanz-
abstand haben,
wird Lebendmulch
untergesät.
Am besten man
sät Nutzpflanzen
wie hier
Feldsalat ein.

klee) bewährt, 400 bzw. 600 g/Ar. Er findet im Gartenbau Verwendung bei Tomaten, Auberginen und Salatgurken im Gewächshaus und bei Rosenkohl im Freiland. Allerdings gab es in Versuchen durch die Erhöhung der Luftfeuchte im Bestand vermehrten Pilzbefall und geringere Erträge. Im Hausgarten eignen sich als Lebendmulch auch eßbare Kulturen wie Feldsalat, Winterpostelein, Spinat oder Neuseeländer Spinat. Eine gute Kombination bilden im Frühjahr Dicke Bohnen mit einer Untersaat aus dichtgesätem Spinat. Die ersten Blätter des Spinats werden zum Verzehr geschnitten. Die Pflanzen bleiben aber zum Weiterwachsen im Boden. Die aufschießenden Blütenstengel werden abgeschnitten und bleiben als Mulch liegen. Ab Mai wird Neuseeländer Spinat (einige wenige Pflanzen reichen), Kapuzinerkresse oder ab Juli Feldsalat (100 g/Ar) zwischen viele Kulturen – Kohlarten, Porree, Mangold, Beerenobst – gesät. Ab September folgt Winterpostelein (100 g/Ar). Die Pflanzen dürfen nicht blühen, da sie sonst zum lästigen Unkraut werden.

Verfrühung durch Folienbedeckung

Zur Verfrühung und zum Staffeln der Ernte gegenüber dem unbedeckten Freilandanbau hat sich das Bedecken mit Folie bewährt. Der Handel bietet zur Flachbedeckung mehrere Folientypen an:
– Die einfache Lochfolie ist preiswert, kann aber bei empfindlichen Kulturen wie Salat durch Windbewegung zu Schlagschäden führen.

– Die Schlitzfolie (mitwachsende Folie) ist gut geeignet, aber teuer. Beim Auflegen müssen die Schlitze geschlossen sein. Durch das Pflanzenwachstum hebt sich die Folie, die Schlitze öffnen sich. Dadurch ist mit zunehmender Jahreszeit und Wärme der notwendige Lüftungsanteil höher.
– Sehr gut bewährt hat sich das Vlies. Es ist leicht (etwa 17 g/m^2), es kommt zu keinen Schlagschäden. Daneben ist es gut luft- und wasserdurchlässig, was (im Gegensatz zur Lochfolie) eine gleichmäßige Wasserverteilung gewährleistet. Das Vlies muß nicht an den Seiten eingegraben werden. Eine Befestigung mit Ziegelsteinen oder mit Sand gefüllten Plastiktüten reicht.
Bei sehr frühem Kulturbeginn im Frühjahr (Anfang–Mitte März) kann das Vlies doppelt aufgelegt werden. Die obere Lage muß aber nach 2 bis 3 Wochen abgenommen werden, sonst leiden die Pflanzen. Vor größeren Wärme-

Das Vlies läßt Regen und Gießwasser durch. Bei sorgfältiger Behandlung und Aufbewahrung im Dunkeln lassen sich Vlies und Folie über mehrere Jahre nutzen.

perioden (oft Mitte Mai) muß das Vlies beim Frühgemüse völlig abgedeckt werden (bei windstillem, bedecktem oder etwas regnerischem Wetter). Bei den wärmebedürftigen Kulturen kann das Vlies bis Mai–Juni aufliegen. Die Verfrühung durch die Flachbedeckung beträgt etwa 14 Tage. Auch das Unkraut profitiert von der Folie. Deswegen sollte man zwischenzeitlich abdecken und jäten.

Kulturhinweise

Blattsalate

»Salat« wird häufig als übergeordneter Begriff für alles Gemüse verwendet, welches als Rohkost angerichtet wird. Hier soll nur die Rede von **Blattsalaten** sein. Man unterscheidet
– kopfbildende Salate wie Kopf- und Eissalat. Die französische Bezeichnung für Eissalat ist Batavia.

– Schnitt- und Pflücksalate wie Eichblattsalat und 'Lollo rossa'
– Romanasalat, auch Römischer, Binde- oder Kochsalat genannt
– Endivien, Frisée (= krause Endivie)
– weitere Zichorienarten wie Chicorée, Radicchio, Zuckerhut und Löwenzahn
– Feldsalat und Winterpostelein (oder Winterportulak)

Im Frühjahr wachsen Salatarten besser auf schnell erwärmbaren leichten Böden, im Sommer dagegen sind kühlere, schwerere Böden mit ihrer besseren Wasserhaltefähigkeit günstiger. Außer den Zichorienarten, zu denen auch Endivie gehört, sind die Salate Flachwurzler und brauchen deswegen einen humosen, feinkrümeligen Boden. Wichtig bei allen Salaten ist eine gleichmäßige Wasserversorgung.

Probleme kann die Keimung von Salatsamen im Sommer bereiten. Hier hilft der Trick, daß man den Samen, bes-

ser noch den in ein Schälchen ausgesä-
ten Samen, für 1 bis 2 Tage kühl (bei
15 °C, in den Keller) stellt.

Bei **Kopf- und Eissalat** kann man im
Frühjahr und im Herbst die gleichen
Sorten anbauen. Für den Sommeran-
bau (Pflanzung Mai bis Mitte August)
wählt man spezielle schoßfeste Sorten,
dies gilt ebenfalls für Romanasalat. Bei
den **Schnitt- und Pflücksalaten** können über die ganze Kulturperiode hin-
weg die gleichen Sorten angebaut werden. Bei den rotblättrigen Arten (roter
Eichblattsalat, 'Lollo rossa') ist die Farbe um so intensiver, je größer die Tem-
peraturschwankungen sind, im Frühjahr und Herbst sind sie besonders intensiv rot.

**Endivien, Frisée, Radicchio und
Zuckerhut** werden erst ab Ende Juni gesät und Mitte Juli gepflanzt. Besteht die
Möglichkeit, Jungpflanzen im Warmen
(20 °C) vorzukultivieren, kann ab Mitte
April gepflanzt werden. Die meisten
Frisée-Sorten sind allerdings in unserem Klima sehr empfindlich gegen In-
nenfäule und Randen. Wegen ihrer
Pfahlwurzel sollten Zichorienarten nur
mit Wurzel- oder Topfballen verpflanzt
werden. Schnitt- und Pflücksalate kann
man entweder direkt und dicht säen
und dann laufend beernten oder wie bei
Kopfsalat vorziehen, pflanzen und als
ganze Pflanze abernten.

Löwenzahn wird im April–Mai gesät,
Chicorée Mitte Mai. Der Löwenzahn
wird im Herbst etwa 20 cm angehäufelt.
Darunter verrottet das alte Laub, ab Februar treiben in diese Erdschicht die
neuen Triebe. Am besten legt man ab
Anfang Februar zur Verfrühung noch
ein Stück schwarze Folie darüber.

Geerntet wird bis Mai, danach werden
die Pflanzen zu bitter. Löwenzahn kann
wie Chicorée getrieben werden!

Chicorée-Wurzeln werden Ende Oktober–Anfang November ausgegraben
und müssen kühl, aber frostfrei mindestens eine Woche lagern. Dann wird bei
den treibfähigen Rüben (über 3 cm
Kopfdurchmesser) das Laub 2 cm über
dem Rübenkopf abgeschnitten. Pflanzen, die man noch nicht verwendet,
werden in Sand eingelagert. Zur Treiberei werden sie dicht an dicht in einen Eimer (mit Löchern zum Wasserabzug)
gestellt. In die Zwischenräume gibt man
ein Erd-Sand-Gemisch. Die weitere Behandlung richtet sich nach der Sorte. Es
gibt Sorten für die »Erdtreiberei« und
»deckerdelose« Sorten, wobei die letzte
Gruppe heutzutage überwiegt. Bei erde-
loser Treiberei muß der Eimer nur dun-
kel und warm (optimal sind 16°C) stehen und wird ab und zu gegossen. Es
kann auch ein anderer Eimer überge-
stülpt werden, um Dunkelheit zu garantieren. Je nach Temperatur kann nach 3
bis 6 Wochen geerntet werden. Nach
der Beerntung können die Gefäße weiter stehenbleiben; die Wurzeln treiben
erneut aus. Zur Erdtreiberei wird ein so
hohes Treibgefäß gewählt, daß noch
eine 20 cm dicke Erd-Sand-Torf-
Schicht über den Wurzeln Raum hat. In
diese Erdschicht treiben die Chicorée-
Sprosse hinein.

Auch bei **Radicchio** gibt es zwei Sor-
tengruppen. Die einen ('Palla rossa' und
'Prima rossa'-Typen) werden bei Juli-
Aussaat im Oktober geerntet, die anderen ('Roter Veroneser' und 'Verona') bilden das rote Köpfchen erst nach Überwinterung (April). Da sich Bitterstoffe

Bis zum Frost kann man die Blätter und Triebspitzen des Neuseeländer Spinates laufend ernten. Er sät sich für die Folgejahre oft selbst aus.

dem sie selbst nicht mehr und andere Kulturen nur schlecht wachsen.

Blatt- und Stielgemüse

Aus anderen Ländern gibt es viele verschiedene Blattgemüsearten, die spinatähnlich zubereitet werden und ähnlich schmecken wie Neuseeländer Spinat, tropischer Spinat, Gartenmelde und andere. Ihr Anbau ist problemlos, sie sind alle robust. Beim heimischen Spinat ist auf die für die Jahreszeit richtige Sorte zu achten. Neuseeländer und tropischer Spinat sind wärmeliebend und dürfen erst nach den Eisheiligen gesät oder gepflanzt werden. Das Saatgut des **Neuseeländer Spinates** wird am besten im April 24 Stunden in lauwarmem Wasser vorgequollen und dann in Töpfen vorkultiviert. Die stark rankenden Pflanzen sind zur Bodenbedeckung und als Unterkultur bei hochwachsenden Pflanzen geeignet. Spinat ist zwar nährstoffbedürftig, wird aber wegen seiner Fähigkeit, Nitrat anzureichern, eher sparsam gedüngt.

Das gleiche gilt für **Mangold**. Die oft nur als Spinatersatz angesehene Pflanze ermöglicht bei Pflanzung im Mai eine Beerntung bis zum Frost. Als vielseitig erweist sich der **Rippenmangold**, dessen Rippen allein oder zusammen mit den Blättern ein schmackhaftes Gemüse ergeben. Bei früher Pflanzung besteht Schoßgefahr. Im Sommer kann es zu einem Befall mit schwarzen Blattläusen kommen, bei zu dichtem Stand kann Echter Mehltau auftreten. Bei Schossern und starkem Blattlausbesatz schneidet man die Pflanzen bis aufs Herz zurück; sie treiben schnell wieder.

bei Kälte abbauen, sind die letzteren milder, aber gefährdet durch Auswinterung.

Feldsalat kann ab Juli gesät werden, **Winterportulak** erst ab September, da er zum Keimen kühle Temperaturen benötigt.

Alle Blattgemüsearten werden sehr sparsam gedüngt. Mit zunehmender Stickstoff-Düngung steigt der Nitrat-Gehalt in den Blättern. Zur Vorbeugung gegen Salatfäule wird bei der Pflanzung Steinmehl um die Setzlinge dünn gestreut. Rote Sorten sind weniger empfindlich als grüne.

Die besonders in Süddeutschland im Winter häufig angebaute **Gartenkresse** kultiviert man für den Eigenbedarf besser in Wasser in speziellen Kresseschälchen. So enthält sie kaum Nitrat. (Beim Anbau in gewachsenem Boden liegt der Nitratgehalt sehr hoch.) Zudem ist Kresse eine schlechte Vorfrucht. Sie hinterläßt einen schlechten Boden, auf

Bei **Rübstiel oder Stielmus**, einem typischen rheinischen Frühlingsgemüse, handelt es sich um spezielle Sorten der Speiserüben, die dicht gesät werden. Verwendung finden hauptsächlich die Stiele und etwas Laub. Ab März bis Mai läßt es sich problemlos im Freiland anbauen. Eventuell können Erdflöhe Probleme bereiten (Bekämpfung siehe Seite 100). Mit der Nährstoffversorgung verhält es sich wie beim Salat.

Äußerst widerstandsfähig gegen Krankheiten und Schädlinge ist der **Knollenfenchel**. Beachtet man Sorte und Aussaattermin, ist der Anbau problemlos. 'Zefa-Fino' läßt sich fast ganzjährig anbauen. Ab Mitte April bis Mitte Juli wird er entweder direkt ins Freiland gesät, oder aus Vorkultur in Töpfen gepflanzt. Er sollte, besonders im Hochsommer, gleichmäßig gewässert und nicht zu spät geerntet werden, sonst kann er schossen oder holzig werden.

Stangensellerie ist mit dem Knollensellerie verwandt und ähnlich zu behandeln. Das heißt, er ist wärmebedürftig und darf erst ab Mitte Mai ins Freiland. Da es uns auf die Blattstiele ankommt, wird er enger als Knollensellerie gepflanzt, etwa 10 Stück/m². Wichtig ist auch hier die Sortenwahl. Die breitstieligen gelben Sorten, wie 'Goldgelber Selbstbleichender', sind sehr empfindlich gegen die Blattfleckenkrankheit. Die schmalen, grünstieligen Sorten dagegen, die auch besser schmecken, sind ziemlich widerstandsfähig. Damit der Stangensellerie zügig wächst und zarte Stiele bildet, wird er bei der Düngung als Starkzehrer behandelt und gleichmäßig und viel bewässert.

Kohlarten und andere Kreuzblütler

Außer Kohlrabi und dem edlen Brokkoli sollte man überlegen, ob der Kohlanbau im Hausgarten sinnvoll ist. Kohlarten nehmen viel Platz ein für eine relativ lange Kulturzeit. Sie brauchen viele Nährstoffe und sind sehr empfindlich gegen tierische Schädlinge und die gefürchtete Kohlhernie, eine Pilzkrankheit. Oft ist der Anbauerfolg unbefriedigend. Die Erntereife ist einheitlich und kommt bei gleichem Pflanztermin zum selben Zeitpunkt.

Eine dankbare Kultur dagegen ist der **Brokkoli**, der nach Aberntung der Hauptblume laufend Seitentriebe bildet. Bei Pflanzung im April mit erster Ernte im Juni können die Pflanzen bis zum Frost beerntet werden. Alle 3 bis 4 Wochen empfiehlt sich ein Angießen mit Brennesseljauche. Brokkoli steht gut in Mischkultur mit Stangensellerie.

Beim frühen **Rosenkohlanbau** können Mitte bis Ende September die Spitzen »geköpft« werden. So entwickeln sich die Einzelröschen gleichmäßiger, müssen dann aber zügig abgeerntet werden. Geköpfte Strünke sind frostempfindlich, deswegen sollte man Wintersorten nicht beschneiden.

Chinakohl und Pak Choy (Chinesischer Stengel- oder Senfkohl) werden ab Ende Juni gesät und Mitte Juli gepflanzt. Besteht die Möglichkeit einer warmen Jungpflanzenanzucht (20°C) kann man mit speziellen Sorten einen Frühanbau versuchen. Häufig schossen die Pflanzen aber trotzdem. Chinakohl und Pak Choy zeigen sich besonders anfällig gegen Krankheiten und Schädlinge, v.a. gegen die Kohlhernie.

Die Kohlhernie erkennt man an krebsartigen Wucherungen an den Wurzeln.

Tritt sie auf, sollten vorläufig keine Kreuzblütler mehr angebaut werden.

Im Anbau benötigen alle Kohlarten neben einer guten Nährstoffversorgung (Starkzehrer) ausreichend Feuchtigkeit und einen tiefgelockerten Boden, da ihr weitverzweigtes Wurzelwerk bis in 1 m Tiefe reicht. Der pH-Wert sollte zwischen 6,5 und 7,0 liegen. Damit werden dem kalkfliehenden Kohlhernie-Erreger die Lebensbedingungen verschlechtert. In der Praxis hat sich zudem das Ausstreuen von 200 g Algenkalk/m² bewährt. Zur Vorbeugung werden Jungpflanzen 20 Minuten lang in einen Brei aus Algenkalk-Bentonit-SPS getaucht. In Versuchen zeigte diese Behandlung teilweise bessere Erfolge als die konventionelle Variante mit Kalkstickstoff. Diese Behandlungen sind keine Bekämpfungsmaßnahmen, sondern dienen lediglich der Vorbeugung. Die Dauerformen des Kohlhernie-Erregers sind bis zu 20 Jahre lebensfähig, dieser Schleimpilz läßt sich derzeit nicht bekämpfen. Deswegen ist als weitere Vorbeugemaßnahme eine weite Fruchtfolge äußerst wichtig. Von weitem erkennt man den Kohlhernie-Befall an Welkeerscheinungen bei warmem Wetter, da der Pilz die Leitungsbahnen der Pflanzen verstopft. Befallene Wurzelteile werden vernichtet und kommen nicht auf den Kompost! Da die Kohlhernie auch über die Bodenbearbeitungsgeräte und das eigene Schuhwerk verbreitet wird, sind entsprechende Hygienemaßnahmen zu ergreifen.

Rettich und Radieschen werden als Vor-, Zwischen- oder Nachkultur und in Mischkultur (Salat oder Spinat gegen Erdflöhe) angebaut. Aufgrund ihrer kurzen Kulturzeit benötigen sie nur wenig Nährstoffe und kommen meist mit den noch vorhandenen Vorräten aus, insbesondere beim Anbau im Sommer und Herbst. Sie dürfen keine frische organische Düngung bekommen, welche die Kohlfliege anlockt.

Bereits erwähnt wurde die hohe Schädlingsanfälligkeit der Kohlarten gegen Kohlfliege, Kohlweißling, Kohleule, Kohlgallenrüßler, Erdflöhe, u. a. Vorbeugend hilft eine Mischkultur mit starkduftenden Pflanzen wie Sellerie oder Tomaten. Die Geiztriebe der Tomaten sollten als Mulch um den Kohl verteilt werden. Zur zusätzlichen Geruchsverwirrung der Insekten und somit zur Schädlingsabwehr helfen laufende Spritzungen mit Rainfarn-, Wermut- oder Tomatenblättertee, oder auch das Mulchen mit diesen Pflanzen.

Die Kohlfliege sieht der Stubenfliege ähnlich und legt ihre Eier meist an den Wurzelhals von Kreuzblütlern ab. Die Larven (»Maden«) fressen sich in den Strunk oder in Rettich oder Radies hinein. Kohlpflanzen kann man mit »Kohlkragen«, die dicht abschließend um den Wurzelhals gelegt werden, vor der Eiablage schützen. Die Kragen kann man selber aus Pappe schneiden (Bierdeckel) oder unter der genannten Bezeichnung kaufen. Für Rettich und Radies, wo die Kohlfliege deutlich sichtbare

Man kann Kohlkragen kaufen oder selbst aus Bierdeckeln zuschneiden.

Ein Kragen schützt Kohlgewächse vor der Kohlfliege. Er muß dem Wurzelhals dicht aufliegen.

Schäden verursacht, eignet sich dieses Verfahren nicht. Seit einiger Zeit gibt es zum Abhalten der Schädlinge ein »Gemüsefliegennetz« (ähnlich der Fliegengaze), welches ähnlich wie die Flachfolie über die Kulturen gezogen wird und bis kurz vor der Ernte aufliegt. Das Netz hält nicht nur die Kohlfliege, sondern auch die meisten anderen Insekten ab. Es ist aus diesem Grund sehr zu empfehlen, aber zur Zeit noch recht teuer. Es kann aber bis zu 30mal wiederverwendet werden. Deckt man aber kurzfristig ab, z.B. um Unkraut zu entfernen, sind die Schädlinge schnell da. Das Netz wird allseitig gut eingegraben. Im Frühjahr schützt auch eine Flachabdeckung mit Vlies vor vielen Schädlingen. Ab Mitte bis Ende Mai wirkt sich aber die Vliesbedeckung durch die Hitzeentwicklung negativ auf das Pflanzenwachstum aus. Das Schutznetz hat 80% Lüftungsanteil und kann auch im Hochsommer auf den Kulturen ohne Schaden liegenbleiben.

Bei Befall von Kohlweißlingsraupen (grün-gelbe Raupen) oder Kohleulen (grau-grüne Raupen) kann man, bei nur wenigen Kohlpflanzen im Garten, die Raupen absammeln. Im größeren Anbau lassen sich die Raupen in noch jungem Zustand mit dem biologischen Präparat »Dipel« bekämpfen. Es besteht aus *Bacillus thuringiensis*. Das Mittel nur bei Bedarf kaufen. Frisches Präparat ist wirksamer als gelagertes.

Erdflöhe sind 1,5 bis 3 mm kleine, schwarz-gelb gestreifte Blattkäfer, die springen können (deshalb »Flöhe«), wenn sie aufgescheucht werden. Ihre Fraßspuren zeigen sich deutlich als Löcher in den Blättern der Kreuzblütler.

Der Befall wird durch Stäuben mit Steinmehl auf die feuchten Pflanzen eingedämmt. Da die Tiere hauptsächlich bei trockenem Wetter und trockenem Boden vorkommen, hilft manchmal auch schon kräftiges Gießen und Bodenlockerung. Vorbeugend hilft die Mischkultur mit Salat oder Spinat. Erdflöhe sind bei Rettich und Radies, Chinakohl und Pak Choy oft hartnäckig.

Hier kann man versuchen, sie mit einem Leimbrett abzufangen. Dazu wird ein breites Brett (etwas breiter als das Beet) an beiden Enden mit Drahtgriffen zum Festhalten versehen. An der Bretthinterseite wird ein Stoffstreifen (z.B. alter Kartoffelsack) so angenagelt, daß er etwa 20 cm überhängt. Die Brettunterseite wird mit Leim bestrichen. Nun trägt man dieses Leimbrett zu zweit dicht über die Pflanzen, so daß der Stoff die Pflanzen streift. Erdflöhe springen bei Berührung schräg nach oben und bleiben so kleben. Aufpassen muß man, daß vor der Brettberührung nicht der eigene Schatten auf die Pflanzen fällt, da sonst die Erdflöhe vorher wegspringen.

Wurzel- und Knollengemüse

Im großen und ganzen sind diese Arten einfach zu kultivieren. **Möhren** wachsen am besten auf humosen sandigen

Lehmböden. Sie sind Schwachzehrer und werden nicht gedüngt. Vor allem dürfen sie keine frische organische Düngung (Mist, Kompost, Gründüngung) bekommen, um die Möhrenfliege nicht anzulocken. Eine gute Vorfrucht ist Porree, der den Boden gut lockert. Zur Verbesserung der Auflaufrate kann Möhrensamen zusammen mit Dill gesät werden. Zudem keimt Dill recht schnell und markiert so die langsam keimenden Möhrenreihen. Spätestens bei 20 cm Höhe wird der Dill geerntet. Trotz gleichzeitiger Mischkultur mit Zwiebelgewächsen wird in manchen Jahren die Möhrenfliege zum Problem. Das hängt oft damit zusammen, daß diese sich in den windgeschützten Lagen der Hausgärten wohlfühlt, oder es wurden Kulturfehler begangen. Deshalb sollte man Möhren in weiter Fruchtfolge anbauen, windige Lagen bevorzugen, die Standweite nicht zu eng und nicht zu weit wählen, Möhrenköpfe durch Anhäufeln zudecken und beim Ernten die Löcher sofort wieder verschließen. Zur Abwehr kann Steinmehl gestreut werden oder Mulch aus starkriechenden Kräutern – Rainfarn, Farnkraut oder Lavendel – zwischen die Reihen verteilt werden. Einfacher ist die Abwehr mit dem Gemüsefliegennetz.

Der sehr wärmeliebende **Sellerie** wird vorkultiviert und nicht vor Mitte Mai gepflanzt. Er gehört zu den Starkzehrern und braucht viel Kalium, z. B. in Form von Holzasche. Bewährt hat sich die Mischkultur mit Kohl, Porree oder Tomaten. In feuchten Jahren macht die Blattfleckenkrankheit Probleme. Helfen kann nur eine vorbeugende, regelmäßige Behandlung mit den allgemei-nen pilzabwendenden Maßnahmen. Widerstandsfähige Sorten, z. B. 'Sperlings Dolvi', sind vorzuziehen.

Pastinaken, auch als Hammelmöhren bezeichnet, werden wie Möhren kultiviert, in der Reihe aber auf 8 bis 10 cm vereinzelt. Geerntet wird erst im Winter, denn nach dem ersten Frost schmecken sie süßer.

Rote Bete sollten nicht vor Anfang–Mitte Mai gesät werden. Da sie Nitrat speichern, dürfen sie nur eine sparsame Stickstoffdüngung erhalten. Am besten erntet man sie ausgereift im Oktober an Nachmittagen.

Schwarzwurzeln brauchen einen sandigen Boden, um lange, gerade Stangen auszubilden. Bei Aussaat im März–April können sie im Oktober oder aber im Winter bis März–April geerntet werden.

Speiserüben haben verschiedene Bezeichnungen: Mai-, Herbst-, Weiße-, Stoppelrübe, Navette oder Turnips. Sie werden wie Radieschen kultiviert. Da sie Kreuzblütler sind, können die bereits erwähnten Probleme auftreten.

Topinambur, ein Sonnenblumengewächs, braucht eine Ecke, z. B. am Zaun, in der er wuchern kann, ohne andere Pflanzen zu bedrängen. Er gibt mit seinen über 2 m langen Stielen guten Sichtschutz. Die Pflanz-Knollen werden im Herbst oder Frühjahr gelegt. Während des Wachstums wird zur Erhöhung der Standfestigkeit angehäufelt. Ab Ende Oktober können die Knollen laufend geerntet werden, auch den ganzen Winter hindurch (bei frostfreiem Boden).

Eigener **Frühkartoffelanbau** kann bei entsprechend großer Nutzgartenflä-

che durchaus rentabel sein. Um schon im Juli ernten und das Land noch für eine Nachkultur nutzen zu können, werden die Kartoffeln Anfang März vorgekeimt. Zuvor werden die Pflanzkartoffeln zur Kräftigung und Vorbeugung von Pilzkrankheiten 20 Minuten in einer Lösung aus Equisan und SPS (in einem Plastiknetz) gebadet. Zum Vorkeimen werden sie in Kisten mit Erd-Sand-Gemisch gesetzt, die augenreichsten Seiten nach oben. Die Kisten sollen warm und hell stehen, aber nicht im direkten Sonnenlicht. Der Boden muß für diese Starkzehrer entsprechend vorbereitet sein. Bei Pflanzung Anfang April brauchen die Kartoffeln unbedingt einen Folienschutz (bei Frostgefahr am besten Doppelbedeckung), da die Keime sehr frostempfindlich sind. Die notwendigen Häufelmaßnahmen erschweren die Mischkultur. Wegen der Übertragbarkeit der Kraut-und Knollenfäule sollten Tomaten möglichst weit entfernt von Kartoffeln stehen. Diese Pilzkrankheit bereitet bei feuchtwarmer Witte-

rung Schwierigkeiten, oft müssen die Kartoffeln durch frühzeitigen Zusammenbruch vorzeitig und ohne befriedigenden Ertrag geerntet werden. Deswegen erfolgen von Anfang an in mindestens zweiwöchigen Abständen Vorbeugespritzungen mit den erwähnten Mitteln, am besten abwechselnd (z. B. SPS im Wechsel mit Bio S).

Fruchtgemüse

Die meisten Fruchtgemüsearten, mit Ausnahme der Hülsenfrüchte, brauchen Wärme, und nicht alle eignen sich in unseren Breitengraden für den Freilandanbau. So ist der Anbau von Paprika, Auberginen, Melonen und Salatgurken nur in sehr warmen Gegenden ohne Gewächshaus, oder nur in sehr warmen Sommern möglich. Auf jeden Fall dürfen sie nicht vor Mitte Mai gepflanzt werden. In kühleren Jahren und Gegenden bereitet schon die **Tomate** Schwierigkeiten im Freiland, wird bereits im jungen Stadium von der Krautfäule

Zur Kartoffelpflanzung werden mit einem »Blumenzwiebelpflanzer« 10 bis 15 cm tiefe Pflanzlöcher ausgestochen, in die man etwas Steinmehl streut. Bei sehr früher Pflanzung brauchen die Kartoffeln unbedingt Folienschutz.

(gleiche Pilzkrankheit wie bei Kartoffeln) befallen. Die Früchte reifen schlecht aus und schmecken fad. Die »Reifehauben« aus gelochter oder geschlitzter Folie haben sich in der Praxis nicht sonderlich gut bewährt. Die Folie beschlägt von innen, mit der Temperatur wird auch die Luftfeuchte erhöht, wodurch die Krautfäule in ihrer Entwicklung begünstigt wird. Besser man baut einen kleinen, provisorischen Folientunnel oder legt Frühbeetfenster auf ein etwa 1,5 m hohes Gestell, um Tomaten und andere Arten zu schützen. Ideal wäre ein richtiges Gewächshaus.

Beim Freilandanbau erhalten die Fruchtgemüsearten auf jeden Fall warme und geschützte Plätze. Alle sind Starkzehrer und verlangen nach entsprechender Nährstoffversorgung. Als vorteilhaft zur Erhöhung der Bodentemperatur erweist sich schwarzes Mulchpapier oder -folie (S. 93). Um Kälterückschläge nach Aussaat oder Pflanzung zu vermeiden, wird kurzzeitig mit Flach- oder Tunnelfolie bedeckt.

Tomatenreihen ordnet man am besten in Nord-Süd-Richtung an und westlich davon, quer oder längs, wird anderes Gemüse gepflanzt, so daß diese nicht im Schatten stehen. Da die Duftausscheidungen der Tomaten Kohlschädlinge abwehren, passen die Arten, wiederum in Mischkultur mit Sellerie, zu den Tomaten. Basilikum soll förderlich für Tomaten sein.

Der Tomate wird nachgesagt, daß sie jahrelang am gleichen Ort stehen kann. Das widerspricht eigentlich jeglicher gemüsebaulicher Praxis mit dem Bestreben nach Fruchtwechsel. Nach eigenen Erfahrungen mit 6jährigem Tomatenanbau auf der gleichen Fläche, gibt es bisher keine Probleme mit der Anreicherung von Krankheiten. Das erleichtert den Tomatenanbau, weil sich der günstige Standort jedes Jahr wieder nutzen läßt, ein Gerüst zum Aufbinden kann fest installiert werden. Im Freiland wird die Tomate eintriebig gezogen, man geizt alle Seitentriebe regelmäßig aus. Mehr als 5 oder maximal 6 Fruchttrauben kann die Pflanze bis zum Oktober nicht zur Reife bringen. Deswegen wird 2 Blätter oberhalb der 5. bis 6. Blütentraube der Kopftrieb abgeknipst. Sobald sich die unteren 4 bis 6 Blätter leicht gelblich verfärben, werden sie entfernt, um Pilzkrankheiten vorzubeugen. Der Bestand trocknet so durch die bessere Luftzirkulation schneller ab. Tomaten und andere wärmebedürftige Fruchtgemüse werden nur im Wurzelbereich mit nicht zu kaltem Wasser gegossen (abgestandenes Regenwasser). Man kann im Wurzelbereich kleine Töpfchen mit Löchern ebenerdig eingraben, in die das Gießwasser wie auch alle 2 Wochen verdünnte Brennesseljauche gegossen wird.

Schädlinge treten bei Freilandtomaten selten auf. Probleme bereitet hauptsächlich die Krautfäule. Vorbeugende regelmäßige Spritzungen mit den erwähnten Mitteln sind zu empfehlen. Befallene Teile werden sofort entfernt. Man kann durch regelmäßiges Spritzen mit unpasteurisierter Milch oder Molke (1/4 l auf 2 l Wasser) versuchen, die Pflanzen gesund zu erhalten. Allerdings soll dies v. a. die Bakterienwelke fernhalten. Das häufig beobachtete Blattrollen ist auf Überdüngung oder witterungsbedingte Wachstumsstörun-

gen zurückzuführen. Blattrollen kann und muß nicht behandelt werden.

Kürbisse und Kürbisarten wie Zuchini, werden ebenerdig gezogen. Gurken (Einlege- und Freiland-Salatgurken) bindet man am besten an einem Spalier oder Maschendrahtgeflecht hoch. Auf diese Weise erreicht man eine bessere Besonnung und begünstigt Blütenansatz und Ertrag. Die Erntearbeit wird erleichtert, der Bestand trocknet schneller ab und ist damit weniger mehltaugefährdet, als wenn die Ranken auf dem Boden liegen. Bei der Sortenwahl achtet man auf mehltauresistente bzw. - widerstandsfähige Sorten. Allerdings bezieht sich die Resistenz nur auf den Echten Mehltau, der an weißen Pusteln auf der Blattoberseite zu erkennen ist. Er kann auch bei »resistenten« Sorten gegen Kulturende im September auftreten. Der Falsche Mehltau zeigt sich blattoberseits an eckigen, erst gelblichen, später bräunlichen Flecken. Das Pilzmycel sitzt im Blatt und ist so gut wie nicht bekämpfbar. In trockenen, heißen Sommern können auch Spinnmilben die Freilandgurken (und Bohnen) stark schädigen. Wenn die jungen Gurkenblätter plötzlich gelblich werden, sollte man mit einer Lupe die Blattunterseiten auf Spinnmilben untersuchen. In blühenden Beständen werden sie am besten mit Spruzit und Schmierseife behandelt, mindestens dreimal im Abstand von je einer Woche.

Kürbisarten sind viel robuster als Gurken, bekommen aber häufig im Spätsommer Echten Mehltau. Am besten man erntet die Früchte dann frühzeitig und räumt die Pflanzen ab. Bei allen Kürbisarten achtet man auf einen weiten Fruchtwechsel. Aufgrund des großen Platzbedarfes erscheint eine Mischkultur schwierig. Man kann aber an den Beetrand Kräuter wie Basilikum, Dill, Kapuzinerkresse, Borretsch und ähnliche setzen, die die Insekten anlokken und so die Befruchtung fördern. Alle Kürbisarten sind Flachwurzler, weshalb der Boden während der Kultur keinesfalls gehackt werden darf.

Hülsenfrüchte

Über die Bedeutung der Hülsenfrüchte wurde schon im Kapitel Stickstoffdüngung und Gründüngung (s. Seite 47 und 49) berichtet. Da sie ihren Stickstoff selbst produzieren, entfällt die Stickstoff-Düngung.

Als erste Frucht im Jahr werden **Dikke Bohnen** gesät. Schon ab Ende Februar werden sie gelegt oder bei Vorkultur ab Mitte März gepflanzt. Je früher der Saatzeitpunkt, um so geringer ist der Blattlausbefall. Treten Schwarze Bohnenläuse in fortgeschrittenem Kulturstadium auf, wenn die Hülsen schon weitgehend entwickelt sind, werden die stark befallenen Triebspitzen einfach abgeschnitten. Dicke Bohnen wachsen gut mit einer Untersaat aus Spinat.

Palerbsen (= Schalerbsen) werden ab Mitte März, die süßer schmeckenden **Markerbsen** ab Mitte April, **Zuckererbsen** ab Anfang April gesät. Niedrig wachsende Pal- und Markerbsen brauchen kein Rankgerüst, vor allem nicht, wenn sie zur Einmalernte geeignet sind. Zuckererbsen dagegen sollten eine Kletterhilfe bekommen. Bei Problemen mit Auflaufkrankheiten kultiviert man Erbsen in kleinen Töpfen (Jiffy-Strips, Multiplatten, o. ä.) vor. Dies gilt ebenfalls für Bohnen. Je früher die Erbsen in Blüte kommen und abblühen, um so geringer ist die Gefahr eines Befalls mit Erbsenwickler, der meist im Mai–Juni fliegt. Vorbeugend gegen diesen Schädling setzt man Erbsen in windoffene Lagen. Gegen Vogelfraß werden die Beete mit Folie oder Vlies bedeckt, um zusätzlich das Wachstum zu beschleunigen.

Busch- und Stangenbohnen dürfen erst nach den Eisheiligen (etwa Mitte Mai) gesät werden. Reihensaat oder -pflanzung ist dem Anbau in Horsten vorzuziehen. Die Buschbohnen stehen so gleichmäßiger, standfester und weniger dicht gedrängt. Dies verringert die Gefahr von Pilzkrankheiten. Es gibt resistente bzw. widerstandsfähige Sorten gegen Brenn-und Fettflecken sowie Viren.

Bei Stangenbohnen ist eine Horstsaat oder -pflanzung um die einzelnen Stangen herum üblich. Möglich ist auch ein Anbau ähnlich wie Hopfen. Hier wird ein stabiles Gerüst gesetzt, die einzelnen Pflanzen werden angekordelt und winden sich selbst hoch. Auch bei Hülsenfrüchten gibt es Farbvarianten, z. B. dunkelblaue Erbsen, Busch- und Stangenbohnen, die beim Kochen aber wieder grün werden.

Bohnen wachsen gut in Mischkultur, aber nicht mit Zwiebelgewächsen, Erbsen oder Fenchel. Um der Schwarzen Bohnenlaus vorzubeugen, wird Bohnenkraut oder Kapuzinerkresse als Fangpflanze dazugesät.

Zwiebelgemüse

Es gibt viele verschiedene Zwiebelgewächse: Porree, Schnittlauch, Küchenzwiebel, Frühlings- oder Winterzwiebel, Winterheckenzwiebel, Etagenzwiebel, Perlzwiebel, Schalotten, Gemüsezwiebel und noch einige andere. Alle haben aufgrund ihrer Inhaltsstoffe eine große Bedeutung im Biogarten und sollten gut verteilt und reichlich im Garten stehen. In Mischkultur beugen sie beim Partner dem Krankheits- und Schädlingsbefall vor. Sie eignen sich für Tees zum Pflanzenschutz (s. Seite 66 ff.).

Vom **Knoblauch** werden einzelne Zehen im September oder im Frühjahr zu Rosen, Beerenobst, an Beetränder, und auch sonst möglichst gut verteilt im Garten gesteckt. Das früh austreibende Laub liefert im Frühjahr ein pikantes Gewürz. Als »Pflanzenschutzmittel« kann der Knoblauch jahrelang stehenbleiben und verbreitet sich noch.

Sogenannte **Winter- oder Frühlingszwiebeln**, z. B. die speziellen japanischen Hybridsorten 'Senshuy Yellow',

'Keep Well', 'Express Yellow' oder ähnliche, werden zwischen dem 15. und 20. August gesät. Ab Mai werden die kleinen Zwiebeln mit Laub geerntet, ab Mitte–Ende Juni die Reifzwiebeln. **Steckzwiebeln** eignen sich gut für eine Mischkultur mit Erdbeeren. Man setzt sie im März–April zwischen die Reihen, zur besseren Abwehr von Grauschimmelfäule auch zwischen die einzelnen Pflanzen. Vor dem Stecken läßt man die kleinen Zwiebeln einen Tag in Regenwasser vorquellen.

Die Zwiebelarten, ausgenommen Porree und Schnittlauch, die viele Nährstoffe und Feuchtigkeit brauchen, sind Schwachzehrer und werden nicht gedüngt. Die Zwiebelfliege befällt Zwiebeln und besonders gern Porree. Die Mischkultur mit Möhren wirkt abwehrend gegen die Zwiebelfliege. Zusätzlich wird wie bei Möhren mit stark riechenden Kräutern gemulcht oder gegossen, oder beide Kulturen erhalten ein Schutznetz. Lauchmotte und Blasenfüße (Thripse) können zusätzlich Schäden an Porree anrichten. Bei stärkerem Befall mit Spruzit behandeln.

Die Winterporree-Sorten werden im Juli gepflanzt und können in milden Gebieten bzw. Wintern gut angehäufelt mit oder ohne Bedeckung überwintern. Ernte bis Ende April.

Ausdauernde Gemüsearten

Rharbarber liefert meist das erste frische Gemüse im Garten. Die Ernte läßt sich durch Doppelfolienbedeckung ab Februar verfrühen. Rhabarber ist ein Starkzehrer und braucht eine gute Versorgung mit Kompost und Wasser. Um die Pflanzen nicht zu entkräften, sollte die Ernte Mitte–Ende Juni enden, zumal ab diesem Zeitpunkt der Oxalsäure-Gehalt steigt. Blütenstände werden rechtzeitig herausgebrochen. Krankheiten und Schädlinge, mit Ausnahme von Schnecken, kommen selten vor.

König im Gemüsegarten ist der **Spargel**. Diese Spezialkultur setzt Erfahrung voraus. Sehr wichtig ist die richtige Bodenvorbereitung vor der Anlage eines Spargelbeetes. Am besten wird ein Jahr vor der Pflanzung ganzjährig eine Gründüngung, z. B. ein Leguminosengemenge, angebaut. Über die genaue Anlage und Pflege des Spargelbeetes erkundigt man sich am besten bei einem Fachmann oder dem Jungpflanzen-Lieferanten (s. Seite 124).

Während sich für den Bleichspargelanbau nur leichte Böden eignen, wächst der kräftiger schmeckende Grünspargel auch in schwerem Boden. Er entspricht dem natürlichen Spargelwachstum, da er nicht angehäufelt wird. Man kann auch Bleichspargelsorten als Grünspargel kultivieren, indem man nicht anhäufelt. Durch das Sonnenlicht werden die Stangen dann grün (aber nicht bitter!). Ingesamt ist der Grünspargel einfach zu kultivieren, die Ernte ist weniger arbeitsintensiv. Zur Ernteverfrühung wird ab Mitte März bis zum Erscheinen der ersten Spitzen eine schwarze Folie aufgelegt. Dafür sollte man aber auch früher mit der Ernte aufhören (Mitte Juni), damit die Pflanzen wieder genügend Reservestoffe für die nächstjährige Ernte sammeln können.

Spargel stellt hohe Nährstoffansprüche und ist für Kompost- und Stallmistgaben über Winter als Mulchauflage

Gemüse und Blumenbeete sind im Biogarten nicht streng voneinander getrennt. Die Ringelblumen bringen Farbe ins Gemüsebeet und dienen zugleich als Schutz- und Abwehrpflanzen.

dankbar. Nach Beendigung der Stechsaison wird mit organischen Handelsdüngern der Nährstoffbedarf ergänzt (separate Bodenuntersuchung für das Spargelbeet und dann P_2O_5 und K_2O nach Bodenanalyse düngen). Stickstoff kann in Form von Hornspänen (7 kg/Ar) gegeben werden. Erst nach der Ernte mulchen. Im Sommer auf gleichmäßige Wasserversorgung achten.

Eine Mischkultur mit Spargel ist wegen der speziellen Ansprüche und Behandlungen nicht anzuraten. Zum anderen wächst das Spargellaub im Sommer sehr dicht zu und würde alles andere beschatten. Ein einzelnes Spargelbeet stellt also eine »Monokultur« dar, die gerne von den speziellen Schädlingen wie Spargelkäfer und Spargelhähnchen, heimgesucht wird. Die Käfer werden laufend abgesammelt, die Larven z. B. mit Quassia, Spiritus, Spruzit (jeweils mit Schmierseife) bekämpft.

Kräuter

Auch im kleinsten Garten sollten Kräuter nicht fehlen. Sie dienen in der Küche als natürliche, gesunde und schmackhafte Würzmittel. Viele blühende Kräuter locken Insekten an und bringen eine Vielfalt an selteneren Pflanzengattungen in die Gartenflora ein. Einige Kräuter dienen der Gesunderhaltung anderer Pflanzen, da sie durch ihre Duft- und Wirkstoffe Schädlinge fernhalten (s. Seite 63 f.). Aus diesem Grund sollte man die Kräuter nicht auf einem separaten Beet anbauen, sondern entsprechend ihren individuellen Ansprüchen im Garten verteilen und den jeweiligen Pflanzenpartnern zuordnen. Viele Kräuter stammen aus dem Mittelmeerraum und brauchen einen sonnigen, warmen Standort, andere bevorzugen einen mehr halbschattigen Platz.

Die meisten Kräuter sind hübsch anzusehen und eignen sich für den Ziergarten. Niedrigwachsende Arten wie Thymian und Tripmadam passen gut in den Steingarten. Viele Arten eignen sich auch zur Beeteinfassung, die verholzenden Arten wie Lavendel, Thymian, Salbei, Ysop als niedrige Hecken.

Einjährige Kräuter müssen jedes Jahr neu ausgesät werden. Gleicheitig wechsel man wie bei anderen Pflanzen den Standort. Kräuter passen in Gemüsebeete und lockern die Fruchtfolge auf. Besonders wichtig ist der Fruchtwechsel bei der (zweijährigen) Petersilie. Unser wohl bedeutendstes Küchenkraut zeigt sich im Anbau oft problematisch.

Ein Großteil der mehrjährigen Arten läßt sich aussäen, am besten zuerst in

107

Ausaatkisten, danach wird pikiert und später ausgepflanzt. Allerdings reichen von einigen Arten wie Liebstöckel, Salbei, nur eine oder einige wenige Pflanzen, die man der Einfachheit halber besser zukauft. Der 'Echte Deutsche Estragon' und die meisten Pfefferminz-Arten sind unfruchtbar, bringen also keine Samen hervor, so daß man auf (zugekaufte) Jungpflanzen angewiesen ist.

Bis auf die Mittelstarkzehrer Schnittlauch, Petersilie und Liebstöckel sind die Kräuter Schwachzehrer und brauchen nur wenig Düngung. Eine geringe Gabe an ausgereiftem Kompost reich aus. Bei zu starker Düngung wird zuviel Krautmasse gebildet, welche oft weich und dadurch anfällig für Krankheiten und Schädlinge ist. Sie enthält in der Regel weniger ätherische Öle.

Bei optimalen Standort- und Nährstoffbedingungen erkranken Kräuter kaum. Treten dennoch Krankheiten und Schädlinge auf, werden die Pflanzen am besten zurückgeschnitten. Bei Trockenheit kann es bei Kerbel, Borretsch und einigen anderen Arten zu Blattlausbefall kommen. In feuchten Jahren oder bei zu dichtem Bestand treten an der Pfefferminze rotbraune Pusteln auf, der Pfefferminzrost.

Für das Gelbwerden der Petersilie gibt es verschiedene Ursachen: einerseits führt übermäßige Bodenfeuchte (Staunässe) zu Pilzkrankheiten, die das Vergilben der Blätter bewirken, andererseits können Wurzelschädlinge wie Nematoden, Wurzelläuse, Rüsselkäferlarven oder Möhrenfliege dieses Schadbild hervorrufen. Direkte Bekämpfungsmethoden gibt es nicht, wir verweisen auf die üblichen Vorbeugemaßnahmen. Verholzende Kräuter werden nur bis August im großem geerntet, damit das verbleibende Holz ausreift. Kleine Triebspitzen für den täglichen Gebrauch können ganzjährig geschnitten werden. In rauhen Lagen sollte man die Pflanzen im Winter mit Reisig schützen. Rückschnitt erst im Frühjahr.

Kräuteranbau

Kraut	Standort-ansprüche	Besonderheiten der Kultur	Mischkultur mit
Einjährige Arten			
Basilikum	sonnig, warm, geschützt	sehr frostempfindlich, Vorkultur, Pflanzung ab Mitte Mai	Tomaten und Gurken; fördert deren Gesundheit
Bohnen-kraut	sonnig, trocken	Mehrjähriges B. (Berg-Bohnenkraut) ist aromatischer	Bohnen: hält die Blattläuse davon ab

Borretsch	sonnig bis halbschattig, feucht halten	Braucht viel Wasser und viel Stauraum. Samt sich selbst stark aus. Verbessert schwere Böden	Kohl: hält Schädlinge davon ab. Zucchini
Dill	sonnig bis halbschattig	Bei der Aussaat der Mischkulturpartner werden einige Körner Dillsamen beigemischt	Möhren und anderen: fördert das Auflaufen
Garten-kresse	sonnig bis halbschattig	Besser in Gefäßen kultivieren (s. Seite 97)	Radieschen
Kapuziner-kresse	sonnig bis halbschattig	Samt sich nachfolgend selbst aus	Kartoffeln, Tomaten, Stangenbohnen, Rosen, Obst. Fangpflanze für die Schwarze Bohnenlaus.
Kerbel	sonnig bis halbschattig, feucht halten		Salat: schützt ihn vor Blattläusen, Schnecken und Ameisen
Majoran	sonnig, warm, geschützt	sehr frostempfindlich	

Mehrjährige Arten

Petersilie (zweijährig)	sonnig bis halbschattig, feucht halten	Mit sich selbst unverträglich. Bei Keimproblemen besser in Gefäßen vorziehen und dann auspflanzen. Spätsommer-Aussaaten (M. Aug.) keimen besser	Tomaten, Zwiebeln, Radies, Rettich; nicht zu Salat
Beifuß	sonnig, trocken	Wird im Garten schnell zum »Unkraut«. Besser in der Natur sammeln	
Dost (Origano)	sonnig, warm, trocken		
Estragon	sonnig bis halbschattig, leicht feucht	Der nicht samenvermehrbare Deutsche E. ist wegen des besseren Aromas dem samenvermehrbaren Russischen E. vorzuziehen	Liebstöckel

Lavendel	sonnig, trok-ken, »mager« halten	Aussaaten keimen oft langsam und schlecht; bei rauhem Klima Frostschutz nötig	Rosen; wehrt dort Blattläuse und Amei-sen ab
Lieb-stöckel	sonnig bis halbschattig; nahrhafter, feuchter Boden	braucht Platz	Estragon; unterdrückt andere Arten
Pfeffer-minze	sonnig bis halbschattig	Es gibt verschiedene Arten und Sorten. Meist nicht samenver-mehrbar. Wuchert stark, kann durch Ein-pflanzen in einen Eimer ohne Boden oder eine breite PVC-Rasenkante begrenzt werden.	Tomaten, Salat, Kohl, Möhren. Besser aber nicht ins Gemüsebeet setzen, da sie sich zu stark ausbreitet
Pimpinelle	sonnig, warm		
Rosmarin	sehr sonnig, warm, geschützt	In unserem Klima nicht immer frosthart; geschützt überwintern. Saatgut keimt sehr schlecht	Salbei
Salbei	sonnig bis halbschattig, warm, geschützt	Kann in harten Win-tern erfrieren	Rosmarin, Fenchel, Kohl, Möhren, Erb-sen, Bohnen, Rosen; wehrt Blattläuse, Raupen und Schnek-ken ab.
Sauer-ampfer	schattig, feucht	anspruchslos	
Schnitt-lauch	sonnig bis halbschattig; nährstoffrei-cher, feuchter Boden		allgemein abwehrend gegen Schädlinge und Pilzkrankheiten
Thymian	sonnig, warm, trocken (stei-niger Boden)		wehrt Blattläuse und Kohlweißlinge ab
Zitronen-melisse	sonnig, warm		

Zierpflanzenbau

Dieser Gartenteil erfreut die menschlichen Sinne und bestimmt das optische Bild eines Gartens. Im Biogarten pflegt man auch die Zierpflanzen nach den bewährten naturgemäßen Regeln. Dies beginnt mit der Planung, bei der man die bereits erwähnten Grundsätze (s. Seite 12 ff.) berücksichtigt. Natürliche Vielfalt ist gerade für den Ziergartenbereich maßgebend: ein Biogarten kann nicht aus einer Mono-Bepflanzung mit pflegeleichten Koniferen bestehen. Als Vorbilder für einen naturgemäßen Garten können alte Bauerngärten dienen. Hier wurden Obst, Gemüse, Kräuter und die Zierpflanzen zweckmäßig und optisch ansprechend miteinander kombiniert. Man sollte versuchen, das Zierende mit dem Nützlichen und umgekehrt zu verbinden.

Der Zierpflanzenbau ist ein sehr umfangreiches Fachgebiet, über das es viel Spezialliteratur gibt. Man sollte sich zumindest bei der Planung des Ziergartens in der entsprechenden Literatur oder in Baumschulkatalogen Rat bezüglich den individuellen Ansprüchen der Pflanzen holen. Ansonsten investiert man teures Geld in die Anschaffung bestimmter Pflanzen und ärgert sich, wenn sie nicht richtig wachsen wollen oder gar eingehen.

Mulchen im Ziergarten

Auch im Ziergarten wird gemulcht. Sicherlich verstößt der optische Anblick des bedeckten Bodens im ersten Moment gegen das eingefahrene Schönheitsideal, das einen nackten, braunen, stets sauber geharkten Boden vorschreibt. Doch sehr schnell wird man auch hier die Vorteile des Mulchens erkennen und den bedeckten Boden als anzustrebendes Ideal sehen. Zudem kann ein Mulch sehr dekorativ aussehen. In Gehölz- und Staudenrabatten läßt sich Rindenmulch verwenden. Es gibt speziellen Rindendekor, das sind gleichmäßig große Stücke von Kiefernrinde. In neugepflanzten Gehölzstreifen sowie in Staudenrabatten gehört unter der Rindenmulchauflage Kalk und Stickstoff, z. B. in Form von Algenkalk (5 kg/Ar) und Hornspänen (5 kg/Ar). Rinde wirkt nämlich sauer und bindet bei ihrer Zersetzung Stickstoff.

Rindenmulch hat neben seinem dekorativen Wert den Vorteil, daß die darin enthaltene Gerbsäure in den Boden eindringt und das Auskeimen vieler Unkräuter erschwert. Dies läßt sich auch bei Gartenwegen nutzen, trifft aber nicht für alle Rindenarten gleichermaßen zu. Wegen der Stickstoffbindung beim Verrotten Rindenmulch nicht im Nutzgarten einsetzen!

Einen langjährig ansprechenden Mulch für Zierrabatten und insbesondere für Steingärten ergibt Lavagranulat. Die Steinchen sind porös und speichern Wärme. Das Granulat gibt es in verschiedenen Körnungen, je gröber, desto länger hält es. Mit der Zeit zersetzen sich die Steinchen. Sie können dann zur Lockerung des Bodens eingearbeitet werden.

Wo es nicht ins Auge fällt, unter Dauerkulturen wie Hecken oder Ziersträuchern, kann Stroh als Mulchauflage, locker geschichtet, etwa 10 cm dick verwendet werden. Sägespäne oder -mehl lassen sich wie Rindenmulch ver-

Geeignete Mulchmaterialien während der Kulturzeit

Kulturen, die längere Zeit stehen und einen weiten Pflanzabstand haben	Lebendmulch mit Erd- oder Weißklee, oder Untersaat mit Spinat, Neuseeländer Spinat, Kapuzinerkresse, im Spätsommer mit Feldsalat und Winterpostelein; bei Obstbäumen in etwa 50–100 cm Abstand vom Stamm
kurzlebige Kulturen	Gras-, Kräuter-, Wildkräuter, Heckenschnitt, Tomatenabfälle etc.
Kürbisarten, Tomaten, Paprika, Stangenbohnen	schwarze Mulchfolie, -vlies oder Mulchpapier
Erdbeeren, Strauchbeerenobst	Farnblätter oder Lavagruß, ab der Blüte Stroh, verrotteter Mist- oder Laubkompost
Moorbeetpflanzen	Kaffeesatz, Laub- oder Nadelkompost, Rindenhäcksel
Rosen	Tee-Abfälle, Mistkompost, Rindenmulch
Zierrabatten	Rindenmulch, Lavagranulat, Grasschnitt, Lebendmulch mit Bodendeckern, unter Hecken auch Stroh, Laub, Pappe, Sägespäne

den Winter über bei einjährigen Pflanzen (im Fruchtwechsel) auf den gelockerten Boden halbverrotteten Kompost oder Mist ausbringen, je nach nachfolgender Kultur. Bei nachfolgenden Schwachzehrern Stroh oder Laub aufbringen, im Frühjahr wieder abharken und auf Komposthaufen geben.

wenden, doch sollte man damit sparsam umgehen.

Am einfachsten und dekorativsten für den Ziergarten ist eine Bodenbedeckung mit Pflanzen (Lebendmulch). Hierzu bieten sich niedrige Polsterstauden an: Steinkraut *(Alyssum)*, Waldsteinia ternata, Schleifenblume *(Iberis)*, Gänsekresse *(Arabis)*, Hornkraut *(Cerastium)*, Blaukissen *(Aubrieta)*, Stachelnüßchen *(Acaena)*, Thymian und Quendel. Für feuchtere, halbschattige Standorte eignen sich u. a. Waldmeister, Schaumkresse *(Tiarella)*, Gänsekresse und Immergrün *(Vinca)*. Als Unterbewuchs von Sträuchern und Bäumen werden schattenverträgliche Pflanzen gewählt: Efeu, Günsel *(Ajuga)*, Gedenkemein *(Omphalodes verna)*, Schaumkresse, *Pachysandra*, *Waldsteinia*, Waldmeister oder Walderdbeeren.

Hat man keinen Unterbewuchs, wird das im Herbst anfallende Laub aufgesammelt und als etwa 10 cm dicke Bodenauflage unter Bäume und Sträucher verteilt. Zur Rottebeschleunigung kann man etwas Algenkalk, Hornspäne, einen Kompoststarter und etwas Gesteinsmehl aufstreuen. Baldrianblütenextrakt beschleunigt die Zersetzungsvorgänge, da er Regenwürmer anlockt.

Laubbäume und Sträucher

Gerade bei Bäumen muß man vor der Pflanzung die späteren Ausmaße der Pflanzen bedenken. Bei zu dichter

Pflanzung erdrücken sich die Pflanzen gegenseitig, bekommen zu wenig Licht, die schwächeren verkümmern. Es kann zu Krankheits- und Schädlingsbefall kommen. Auch muß man bei zu dichtem Bestand sonst überflüssige Arbeit in Schnittmaßnahmen investieren.

Die Pflanzvorbereitungen für Laubbäume und Sträucher gleichen denen bei Obstbäumen und Beerensträuchern (s. Seite 78 f.). Als förderlich erweisen sich der Stammanstrich, Spritzungen mit »Preicobakt« und Mulchen.

Nadelgehölze

Das Sterben der Nadelgehölze in den Hausgärten läßt sich nicht ausschließlich auf den sauren Regen oder andere Luftschadstoffe zurückführen. Oft sind ungeeignete Standorte, unbrauchbare Böden oder ungenügende Bodenvorbereitung dafür verantwortlich. Deswegen sollte man sich vor der Pflanzung über die Gegebenheiten im Garten Klarheit verschaffen. Grundsätzlich bepflanzt man einen Biogarten nicht nur mit pflegeleichten Nadelgehölzen. Man braucht aber nicht auf diese immergrünen Pflanzen zu verzichten.

Die meisten Koniferen benötigen einen humosen, schwachsauren, leicht feuchten, nährstoffreichen Boden. Lehmböden sind weniger geeignet. Kalkreiche Böden eignen sich beispielsweise für die Rotfichte oder die Schwarzkiefer. Für die anderen Arten muß der Boden entsprechend vorbereitet werden. Dazu sind bei schwerem Boden Sand und Kompost mit einem Anteil an Laub und Nadeln brauchbar.

Die Pflanzvorbereitungen sollten bei Nadelgehölzen ebenso sorgfältig wie für Obst- und andere Laubgehölze erfolgen. Die Wurzeln taucht man vor der Pflanzung im März–April in »Alginure«, »Algifert« oder andere pflanzenkräftigende Substanzen. Gute Erfahrungen wurden bei leicht kränkelnden Pflanzen mit regelmäßigen wöchentlichen »Algifert«-Spritzungen gemacht. Der Fachhandel bietet gegen das Baumsterben die Präparate »Eusilva« und das Präparat »Tannalgin« an. Vorbeugend helfen regelmäßige Spritzungen mit Kräuterextrakten, -brühen oder -tees von Brennessel, Rain-oder Wurmfarn oder auch Fingerhut (Vorsicht giftig!).

Gefürchtet bei vielen Nadelgehölzen, nicht nur bei der Fichte, ist der Befall der Sitka-Fichtenlaus. Sie tritt bevorzugt an schon geschädigten Bäumen auf. Die Nadeln werden braun und weisen unterseits dunkle Punkte auf. Die insektizide Bekämpfung muß im Winterhalbjahr mehrfach durchgeführt werden. Helfen können Mittel wie aufgelöstes »Silkaben«, Quassia und Spiritus oder Spruzit, jeweils mit Schmierseifen-Zusatz (s. Seite 67) oder die Weißöl-Emulsion »Promanal«. Diese Mittel helfen auch gegen andere Nadelholz-Schädlinge wie Wolläuse.

Koniferen brauchen kaum einen Schnitt. Will man sie nicht zu schnell groß werden lassen, kann man vorsichtig im Sommer die neuen Triebe um die Hälfte zurückschneiden. Schnitthekken aus Eiben werden – falls notwendig – im März–April eingekürzt.

Nadelgehölze brauchen ganzjährig, auch in den Frostperioden, Wasser. Trockenheit im Winter mit zusätzlicher

Auswahl von Sträuchern und Bäumen für eine Naturhecke (nach Landesverband für Vogelschutz, Merkblatt 2, ergänzt).

Name	Höhe in m	Bemerkungen
Alpen-Johannisbeere *Ribes alpinum*	1–2	bildet selbständige Nistquirle, Insektennahrung, sehr dicht wird die Zwergform *Ribes alpinum* 'Pumilum'
Eberesche *Sorbus aucuparia*	15	anspruchslos, Früchte als Vogelnahrung, es gibt Züchtungen mit eßbaren Früchten, kein Sichtschutz (lockerer Aufbau)
Feld-Ahorn *Acer campestre*	bis 15	bildet selbständig Nistquirle, verträgt Schnitt, keine nassen Böden
Fichte, Serbische *Picea omorica*	bis 30	nicht zu trockene Böden, schlanker Wuchs, deswegen für Naturhecken geeignet
Hartriegel *Cornus sanguinea*	2–4	Füllholz, Vogelnahrung, Bienenweide
Haselnuß *Corylus avellana*	3–5	Füllholz, Frühjahrspollenspender, Vogelnahrung, bildet selbständig Nistquirle
Heckenkirsche *Lonicera xylosteum*	2–3	Füllholz, Insektennahrung, Vogelschutzgehölz
Holunder, Schwarzer und Trauben- *Sambucus nigra* und *S. racemosa*	bis 5 bis 4	Vogel- und Insektennahrung, Füllholz
Kornelkirsche *Cornus mas*	2–5	Füllholz, Vogel- und Insektennahrung, Früchte geben zusammen mit Hagebutten gute Marmelade
Rosen, Apfel- und Hecken- *Rosa rugosa* und *R. canina*	2–3	Vogelschutzgehölz, Vogelnahrung
Sanddorn *Hippophae rhamnoides*	2–5	zweihausig, deshalb männliche und weibliche Sträucher pflanzen
Schlehe *Prunus spinosa*	1–3	Vogel- und Insektennahrung, Vogelschutzgehölz
Wolliger Schneeball *Viburnum lantana*	2–3	Füllholz, Insektennahrung
Salweide *Salix caprea*	8	Frühjahrspollenspender, Nahrung für Schmetterlingsraupen, zweihäusig

intensiver Sonneneinstrahlung ist für sie gefährlicher als starker Frost. Deswegen sollte man vor Winterbeginn durchdringend wässern.

Hecken

Die einen Garten umgrenzenden Hekken bilden eine Art lebendige Mauer. Sie wehren Staub ab und bieten Sicht- und Windschutz. In und unter den Hekken siedelt sich rasch ein vielfältiges Tierleben an. Ideal für einen Biogarten wäre eine freiwachsende Naturhecke (s. Seite 12 ff.), die aus verschiedenen Sträuchern und Bäumen besteht. Sie braucht aber relativ viel Platz. Geeignete Gehölze siehe Tabelle Seite 114. Bei Naturhecken beträgt der Abstand von Strauch zu Strauch 1,5 bis 2,0 m. Bei längeren Hecken kann ab und zu ein kleinkroniger Baum dazwischenstehen. Naturhecken lichtet man zur Pflege nur aus.

Schnitthecken können aus immergrünen Koniferen bestehen, wobei sich die Eibe als besonders widerstandsfähig erweist. Auch Laubgehölze wie Liguster, Buchsbaum, Hainbuche, Feldahorn, Feuerdorn, Schneebeere eignen sich. Liguster, Buchsbaum, Feuerdorn und *Berberis × stenopohylla* sind immergrün und bieten auch im Winter Schutz.

Ein- bis zweimal im Jahr werden die Hecken in leicht konischer Form geschnitten. Hainbuchen und Eiben oder auch andere baumartige Pflanzen bekommen gleich nach der Pflanzung einen Formschnitt. Sie werden so dicht, und – bei regelmäßigem Schnitt – auf einer Höhe von etwa 2,5 m gehalten. Falls Vögel in der Hecke nisten, verschiebt man den Schnittzeitpunkt bis nach dem Ausfliegen der Jungvögel.

Bei Schnitthecken werden pro laufenden m etwa 3 bis 3,5 Sträucher gepflanzt. Günstig sind ähnlich intensive Boden- und Pflanzvorbereitungen wie bei Obstgehölzen.

Moorbeetpflanzen

Rhododendren, Azaleen, Besenheide *(Calluna)* sowie Heidel- und Preiselbeeren zählen zu den Moorbeetpflanzen. Sie benötigen sauren Boden mit einem pH-Wert zwischen 4,5 und 5,5. Bei normalem Gartenboden mit neutraler Bodenreaktion ist der Wunsch nach einem Heidegarten schwer zu erfüllen. Zuerst wird der Boden mit Sand und Kies abgemagert und danach speziell aufbereitet. Dazu eignet sich selbst hergestellter Nadel- und Laubkompost ohne Kalkzusätze oder Torf, jeweils mit etwas Steinmehl vermischt. Damit die Wurzeln der größer werdenden Pflanzen möglichst lange keine kalkhaltigen Bodenschichten erreichen, müssen die Pflanzgruben ausreichend tief und breit sein.

Bei Moorbeetpflanzen ist für eine ständige, sauer wirkende Mulchdecke zu sorgen. Als Material eignen sich Laub, Nadeln, Rinde, oder dünn gestreuter Kaffeesatz. Normaler Gartenkompost, der meist einen neutralen pH-Wert aufweist, und vor allem alle kalkhaltigen Dünger dürfen hier nicht verwendet werden. Die Düngung erfolgt mit gut verrottetem Rindermist, der im

Moorbeetpflanzen nur mit kalkfreiem Wasser gießen, dazu mit Torf gefüllte Nylonsäcke in ein Wasserfaß geben

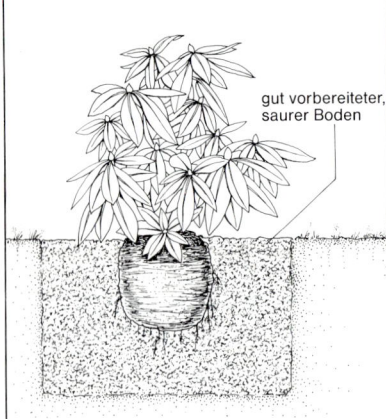

gut vorbereiteter, saurer Boden

Moorbeetpflanzen nicht in ein enges Pflanzloch zwängen, sondern ein ausreichend großes Loch ausheben

Herbst um die Pflanzen gepackt wird, oder mit Hornspänen, die man im Frühjahr streut.

Voraussetzung für einen Heidegarten sind neben den Bodengegebenheiten möglichst hohe Niederschlagsmengen. Ansonsten wird mit kalkfreiem Wasser gegossen. Insbesondere vor dem Winter sollte man die immergrünen Arten ausgiebig wässern.

Bei Rhododendren, zu denen als eine spezielle Artengruppe auch die Azaleen zählen, gibt es immergrüne und laubabwerfende Arten in vielen verschiedenen Sorten. Die meisten lieben Halbschatten und benötigen wind- und vor praller Sonne geschützte Standorte. Gute Partner in Mischpflanzungen sind Kiefern und Farne. Rhododendren reagieren auf falsche Standort- und Bodenbedingungen mit Vergilben und Absterben der Blätter und später der ganzen Pflanze.

Als tierischen Schädlingen können die Käfer und Larven des Dickmaulrüßlers Probleme bereiten. Die Käfer überwintern als engerlingartige Larven im Boden. Ab Mai bis Juni schlüpfen die Käfer und verursachen bogenförmige Fraßschäden an den Blatträndern. Beim allerersten Anzeichen sollte man bei Dämmerlicht mit der Taschenlampe auf Käferfang gehen, da die Käfer bzw. deren Larven sonst schwer zu bekämpfen sind und große Schäden anrichten können. Den eigentlichen Schaden verursachen die Junglarven, die an den Wurzeln fressen. Die Bekämpfung mit Insektiziden ist schwierig. Bei einem Befall können ab Mai insektenparasitierende Nematoden mit Erfolg zur Bekämpfung eingesetzt werden. Es bedarf

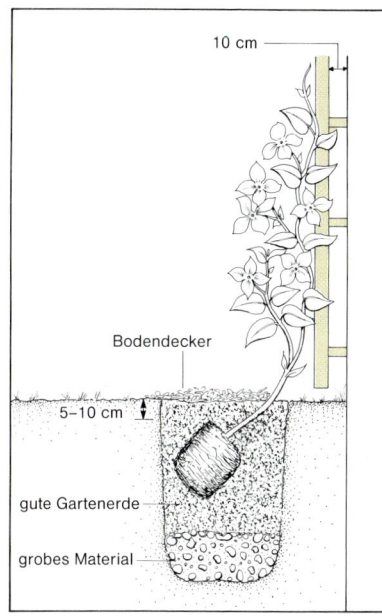

10 cm

Bodendecker

5–10 cm

gute Gartenerde

grobes Material

Clematis werden etwa 10 cm tief und schräg in die Erde eingepflanzt. Das Klettergerüst muß mindestens 10 cm Abstand von der Wand haben. Der Bodenraum um die Clematis wird entweder mit einem Bodendecker oder mit Mulch bedeckt.

ten. Der stärkste Kletterer ist der Knöterich, ideal für Standorte, an denen rasch größere Flächen zuwachsen sollen. Weitere sehr empfehlenswerte Kletterpflanzen sind außerdem das Geißblatt (*Lonicera* × *tellmanniana* und L. × *hekrottii*), die Kletterhortensie *(Hydrangea anomala* ssp. *petiolaris)*, Blauregen *(Wisteria)* u. a. Selbstklimmend und attraktiv durch eine rötliche Herbstfärbung ist der Russische Wein (*Parthenocissus tricuspidata* 'Veitchii').

Rosen

Von dieser uralten Kulturpflanze gibt es viele verschiedene Arten und Sorten. Die Standortverhältnisse und der eigene Geschmack sind bei der Auswahl maßgebend. Im allgemeinen braucht die »Königin der Blumen« einen sonnigen, warmen, luftigen Standort. Häufig trockene und heiße Plätze sind ungeeignet; die Rosen bekommen dort regelmäßig Blattläuse oder Rosenzikaden. Rosen dürfen nie auf eine Fläche gepflanzt werden, auf der schon einmal Rosen standen (Bodenmüdigkeit).

Als Tiefwurzler stellen Rosen hohe Ansprüche an den Boden. Deswegen muß die Pflanzung sorgfältig vorbereitet werden, was man schon vier Wochen vorher machen sollte. Der Untergrund muß durchlässig sein, er muß bis in etwa 60 cm Tiefe gelockert werden. Die Pflanzlocherde wird mit Mistkompost (5 kg/m^2), Steinmehl und Algenkalk angereichert. Bei schweren Böden verbessert Sand, bei sandigen Böden das Tonmehl (Bentonit) die Erde. Ein Zurückschneiden der verletzten Wurzeln

dazu allerdings einer ausreichenden Bodenfeuchtigkeit und Bodenwärme (über 12 °C). Verschiedene Firmen, die Nützlingszucht betreiben, bieten bereits die Nematoden an (Adressen s. Seite 124).

Kletterpflanzen

Aus guten Gründen kommt das Begrünen von Wänden und Mauern wieder in Mode. Die Kletter- und Schlingpflanzen schützen die Mauern. Die immergrünen Arten, z. B. Efeu, dienen im Winter als Kälteschutz, im Sommer halten alle Arten die Hitze ab.

Ohne Hilfe kann der Efeu mit seinen Haftwurzeln klettern. Er ist sehr robust, gedeiht in voller Sonne, aber auch im Schatten. Besonders winterhart ist 'Baltischer Efeu'. Die dichten grünen Efeu-Wände bieten Vögeln Nistmöglichkei-

und ein Tauchen der ganzen Sträucher über Nacht in stark verdünnte Brennesseljauche mit etwas »Preicobakt« fördern das Anwachsen. Bei der Pflanzung muß die Veredlungsstelle etwa 5 cm unter die Erdoberfläche kommen. Die starken Triebe von frischgepflanzten Rosen werden im Frühjahr auf 3 bis 5 Augen eingekürzt. Schwaches und abgestorbenes Holz wird entfernt.

Gleich nach der Pflanzung wird eine Knoblauchzehe als vorbeugendes Pflanzenschutzmittel dicht an den Stock gesetzt. Um die Pflanzen herum wird mit halbverrottetem Mist, Laub oder Rindenhäcksel 3 bis 5 cm dick gemulcht. Sehr förderlich soll ein dünner Mulch aus Schwarztee-Abfällen sein.

Gerade bei Rosen ist eine ausgewogene Düngung wichtig. Bei zu wenig Stickstoff-Düngung bilden sich weniger Blüten, bei zuviel steigt die Anfälligkeit gegenüber Mehltau. Als Düngung, Bodenbedeckung und für Anhäufelung er-

halten die Rosen im Herbst gut angerotteten (Kuh-)Mist oder Gartenkompost mit Mistzusatz mit etwa 3 kg/m²; Strauch- und Kletterrosen bekommen die doppelte Menge. Im Frühjahr wird die Anhäufelung wieder eingeebnet.

Als weitere Düngung gibt man Hornspäne (50 g/m²), zusätzlich Buchenholzkohlenasche (60–80 g/m²) und Basaltmehl (250–500 g/m²). Bis Ende Juli kann zur Wachstumsförderung mit Kräuterjauche gegossen werden. Danach sollte weder gedüngt noch übermäßig gewässert werden, damit das Holz der Sträucher ausreifen kann und keine Frostschäden entstehen. Gegossen wird nur das die Sträucher umgebende Erdreich. Ein Beregnen der ganzen Pflanzen begünstigt Pilzbefall.

Probleme bei Rosen verursachen die verschiedenen Pilzkrankheiten. Vorbeugend helfen Spritzungen im Herbst und Winter mit »Preicobakt« (wie bei Obstgehölzen anzuwenden). Zur direkten Abwehr von Mehltau, Sternrußtau und Rost führt man zusätzlich regelmäßige Spritzungen mit Bio-S mit einem 0,05 %igem Zusatz von Kupfer, oder mit speziellen, im Handel erhältlichen biologischen Rosen-Pflegemitteln durch. Kranke Pflanzenteile werden abgeschnitten und vernichtet. Der beste vorbeugende Pflanzenschutz ist auch hier ein optimaler Standort. Für rauhe Lagen wählt man robuste Strauchrosen.

Mischpflanzungen brauchen die Schönheit der Rosen nicht zu schmälern, sie können im Gegenteil die optische Wirkung steigern. Zudem wirken Mischkulturen förderlich für die Gesundheit der Rosen. Neben Knoblauch leisten auch andere Kräuter vorbeugenden Pflanzenschutz, wie Thymian, Salbei, Lavendel. Lassen Wurzelälchen die Rosen kümmern, sollte man mindestens ein Jahr lang Ringel- oder Studentenblumen unterpflanzen oder die Tagetes-Sorte 'Nemanon' (bis 2 m hoch!) beipflanzen.

Rote und rosa Rosen lassen sich optisch gut mit Blautönen und Weiß kombinieren, z. B. mit Lavendel und Schleierkraut, mit Rittersporn und Lilien, (Zier-)Salbei und blaugrünen Gräsern. An tierischen Schädlingen können neben Blattläusen auch Dickmaulrüßler Probleme bereiten (s. Seite 116).

Als Winterschutz dient neben dem Anhäufeln das Bedecken mit Fichtenreisig. Besonders frostgefährdet sind Kletterrosen an sonnigen Fassaden, denn die Frostschäden entstehen durch wechselweises Gefrieren in der Nacht und Auftauen über Tag.

Rosentriebe schneidet man am besten beim Austrieb im März–April bis

ins gesunde Holz zurück. Wichtiger als der Rückschnitt ist das Auslichten und Entfernen von alten, verdorrten Zweigen, totem Holz oder nach innen wachsenden Trieben. Wildtriebe, die unterhalb der Veredlungsstelle herauswachsen, werden freigelegt und abgeschnitten. Nach dem Schnitt wird nochmals mit »Preicobakt« gespritzt.

Einjahres-Blumen

Mit einjährigen Blütenpflanzen kann man alle Lücken im Garten jedes Jahr aufs Neue füllen. Ihre Kultur mit Aussaat und Pflanzung erfolgt, je nach Pflanzenart etwas unterschiedlich, ähnlich wie bei Gemüse (s. Seite 92). Einjahresblumen passen auf Gemüsebeete und dienen so zur Auflockerung der Fruchtfolge und der Optik. Bezüglich der Düngung werden sie im allgemeinen den Mittelstarkzehrern zugeordnet

und erhalten eine entsprechende Versorgung mit Kompost und ab und zu mit Brennesseljauche. Stärker zehrende Pflanzen, insbesondere Sonnenblumen und üppig wachsende Pflanzen, bekommen zur Pflanzung oder im Jungpflanzenstadium eine Düngung mit organischen Handelsdüngern. In Abhängigkeit vom Nährstoffgehalt des Bodens werden Mischdünger oder nur Stickstoffdünger gegeben. Relativ nährstoffbedürftig sind einige Korbblütler wie Sommerastern und Zinnien. Bei zu starker Stickstoff-Düngung kann jedoch die Kraft der Pflanzen zu sehr in die Blatt-, anstatt in die Blütenentwicklung gehen. Dabei nimmt die Standfestigkeit ab, die Pflanzen kippen um und werden anfällig für Pilzkrankheiten (Mehltau) und für Schädlinge.

Astern erkranken leicht an der Astern-Welke *(Fusarium)*. Beim Saatguteinkauf sollte man resistente Sorten bevorzugen. Vorbeugendes Stäuben mit Steinmehl oder Spritzen mit kieselsäurehaltigen Präparaten dienen als Vorbeugemaßnahmen. Ein Fruchtwechsel reicht oft nicht aus, da der Welkepilz an vielen Kultur- und Wildpflanzen vorkommt. Korbblütler wie Studentenblumen, Astern, Sonnenblumen, Zinnien sind besonders schneckengefährdet.

Zweijahres-Blumen

Blumen aus dieser Gruppe werden im Frühsommer bis Hochsommer des einen Jahres gesät und im Herbst an den Endstandort gepflanzt. Sie blühen dann im nächsten Jahr. Bekannt und beliebt sind Bartnelken, Stiefmütterchen, Ver-

gißmeinnicht, Tausendschön, Fingerhut, Stockrosen und Königskerzen. Sie säen sich vielfach in den kommenden Jahren selbst aus. Man kann aber auch selbst Saatgut ernten und gezielt aussäen. Goldlack benötigt einen nährstoffreichen Boden und Winterschutz. Seine Zugehörigkeit zu den Kreuzblütlern ist zu beachten. Er kann an Kohlhernie erkranken (s. Seite 99). Besonders nährstoffbedürftig sind Stockrosen und Bartnelken.

Stauden

Die Stauden machen in unserem Klimabereich einen großen Teil des Pflanzenbestandes aus. Bei diesen krautigen, mehrjährigen Pflanzen sterben die oberirdischen Teile im Herbst ab. Sie überwintern mit unterirdischen Wurzelstöcken, Knollen oder Zwiebeln und treiben im Frühjahr wieder aus. Die Palette der Stauden ist sehr groß, und auch hier hat jede Art individuelle Ansprü-

che an Standort-, Boden- und Nährstoffbedingungen. Dies ist bei der Anlage von Staudenbeeten zu beachten. Hilfe bei der Planung geben die Kataloge guter Staudengärtnereien, in denen die Ansprüche der Pflanzen vermerkt sind.

Bei den Stauden unterscheidet man zwei große Gruppen: die Beetstauden (Rabatten- oder Prachtstauden) mit vorwiegend kräftigen Farben und die Wildstauden mit weniger auffälligen Blüten. Die erste Gruppe entstand durch langjährige Züchtung. Die meisten Beetstauden brauchen einen sonnigen Standort, lockeren, nährstoffreichen Boden und einige Pflege. Neben vielen weiteren Gattungen gehören Margeriten, Astern, Rittersporn, Phlox und Mohn zu dieser Gruppe.

Bei der Zusammenstellung einer Pflanzung sollte man nicht nur auf die Wuchshöhe, sondern auch auf die farbliche Abstimmung gleichzeitig blühender Arten achten.

Wildstauden wirken am schönsten in naturnahen Pflanzungen, wo sie ihrem natürlichem Vorkommen entsprechend gruppiert werden. Kombinationen mit Gehölzen, Zwiebelblumen und Bodendeckern bieten sich an. Mit der Zeit verwachsen sie zu einer Pflanzengemeinschaft, die weitgehend ohne gärtnerische Pflege auskommt. Durch das dichte Wachstum kommt kaum Unkraut durch. Allerdings müssen die benachbarten Pflanzen zueinander passen. In die Gruppe der Wildstauden fallen z. B. Farne, Gräser, Glockenblume, Akelei, Eisenhut, Astilben und Schafgarbe.

Die Lücken in den Staudenbeeten werden mit Einjahresblumen ausgefüllt. Dabei wirken Studenten- und Ringelblumen sowie die Kapuzinerkresse abwehrend gegen Schädlinge.

Vor der Staudenpflanzung wird der Boden sorgfältig und bis zu 40 cm tief gelockert, mit Reifkompost und Steinmehl aufgebessert und je nach Bodenanalyse aufgedüngt. Fast alle Beetstauden benötigen eine leicht saure bis neutrale Bodenreaktion (pH 5,5 bis 7,0).

Vor der Anlage von Staudenrabatten erscheint eine Gründüngung, z. B. mit Lupinen günstig. Zur Pflanzung ist eventuelles Unkraut auf den Beeten und im Wurzelballen der Jungpflanzen sehr sorgfältig zu entfernen, da man es später nur noch sehr mühsam wegbekommt, insbesondere Wurzelunkräuter wie Quecken und Giersch.

Als Düngung erhalten die Stauden im Herbst eine Abdeckung mit halbreifem Kompost oder angerottetem Stallmist. Im Frühjahr gibt man je nach Nährstoffbedürftigkeit Hornspäne und während der Vegetation Flüssigdüngungen mit Pflanzenjauche. Beetstauden zeigen ihre volle Pracht nur bei ausreichender

und pflanzt sie in frische Erde an neuer Stelle ein. Diese Erscheinung der Bodenmüdigkeit tritt besonders bei Glattblattastern, Rittersporn und Sommerphlox auf.

Zwiebel- und Knollengewächse

Die meisten Zwiebelgewächse pflanzt man im Herbst. Für die Pflanztiefe dient die Faustregel: doppelt so tief wie der Zwiebelquerdurchmesser. Einige Arten stellen Delikatessen für Wühlmäuse dar. Besonders wertvolle Zwiebeln wie die Lilien setzt man daher im Plastik-Gittercontainer ein. Wühlmäuse rühren Narzissen nicht an.

Alle Zwiebel- und Knollengewächse benötigen einen lockeren, durchlässigen Boden. In nasser, schwerer Erde faulen sie leicht. Deswegen erscheint die Bodenverbesserung mit Sand und Kompost und das Mulchen mit organischen Stoffen wichtig. Eine Reihe von Zwiebelarten, z.B. Schneeglöckchen, Traubenhyazinthen, können jahrelang am gleichen Platz verbleiben und vermehren sich dort von selbst. Günstig stehen sie unter einer schützenden Decke von bodendeckenden Stauden. Tulpen und Narzissen dagegen sollte man nach einigen Jahren herausnehmen. Man trennt die kleinen Zwiebeln von der Mutterzwiebel und pflanzt sie alle im Herbst mit genügend Abstand voneinander an einem neuen Platz ein.

Einige Knollengewächse sind in unserem Klima nicht winterhart, z.B. Dahlien und Gladiolen, und müssen im Spätherbst herausgenommen und in ei-

Düngung. Tut man hier jedoch des Guten zuviel, schießen sie ins Kraut, lagern und erkranken leicht. Nicht nur die Widerstandsfähigkeit, sondern auch die Stabilität der Pflanzen wird durch Steinmehl oder regelmäßige Spritzungen mit anderen kieselsäurehaltigen Präparaten verbessert. So kann man sich unter Umständen ein Anbinden ersparen. SPS hat sich übrigens bei regelmäßiger vorbeugender Behandlung gegen Asternwelke bewährt.

Wildstauden aus dem Waldbereich, die sich im Garten beispielsweise als Unterbewuchs von Bäumen und Sträuchern eignen, benötigen den jährlichen Laubfall als Düngung. Viele Beetstauden werden nach der Blüte zurückgeschnitten. Die Beete werden im Spätherbst gesäubert, der umgebende Boden wird flach gelockert, danach wird der Wintermulch aufgetragen.

Einige Beetstauden sind nach 4 bis 6 Jahren erschöpft. Man nimmt sie heraus

Das Lilienhähnchen schädigt Lilien und verwandte Pflanzen. Zu einem Massenbefall kommt es nur selten.

nem Reifkompost-Sand-Torf-Gemisch frostfrei überwintert werden. Sie werden erst gegen Ende April wieder eingepflanzt.

Zwiebel- und Knollengewächse werden im Frühjahr gedüngt. Eine geringe Gabe an Hornspänen oder bei Bedarf eines Mehrnährstoffdüngers und etwas Steinmehl reichen. Bei den Zwiebelgewächsen werden die abgeblühten Blütenstände entfernt, das grüne Laub bleibt als Assimilationsquelle stehen. Erst beim Vergilben wird es entfernt.

Rasen

Ein Rasen im Hausgarten dient der Zierde, sollte sich aber auch zum Betreten und Spielen eignen (siehe auch Seite 18 ff.). Diese Fähigkeit ist von der Wahl der Rasenmischung abhängig. Zudem muß der Boden nach der Aussaat verdichtet werden, damit sich ein grüner strapazierfähiger Teppich entwickelt. Der vorgesehene Platz wird schon Anfang September des Vorjahres vorbereitet. Der Boden wird umgegraben, die Schollen werden zerkleinert. Günstig wirkt sich danach die Aussaat einer schnellwüchsigen Gründüngung z. B. Gelbsenf aus. Die Blattmasse erfriert,

bleibt als Wintermulch liegen, die Reste werden im Frühjahr abgeharkt. Vor der Aussaat (Ende April bis Juni oder August bis September) gibt man als Grunddüngung 150 g/m^2 eines organischen Rasendüngers. Die weiteren Düngungen erfolgen Anfang Juli und Anfang September mit je etwa 100 g/m^2. Der Dünger wird jedes Mal eingeregnet.

Der erste, vorsichtige Schnitt wird bei einer Grashöhe von 6 bis 8 cm durchgeführt. Das weitere Mähen wird dem natürlichen Wachstumsrhythmus der Gräser angepaßt. Man schneidet das obere Drittel bis maximal die Hälfte des Grases ab. Entsteht beim Mähen nur wenig Grasmasse, so kann sie als Mulch zur Düngung liegenbleiben. Man darf keinesfalls bei einem Mähvorgang zu tief schneiden, sonst wird das Wachstum gestört und die Grasnarbe trocknet aus. In Trockenperioden sollte man auf keinen Fall mähen. Der Rasen muß vor dem Austrocknen des Bodens gewässert werden. Dabei sind wenige, aber kräftige Wassergaben am Abend wirksamer als mehrmaliges kurzzeitiges Bewässern. Der letzte Schnitt erfolgt im November. Danach wird Laub vom Rasen abgeharkt und eine leichte Reifkompost-Düngung gegeben.

Eine wichtige Rasenpflegemaßnahme im Frühjahr stellt das Ausharken von altem, verfilztem Gras und Moos mit der Eisenharke dar. Moosbildung ist ein Zeichen für feuchte, nasse, schattige, undurchlässige Stellen und Nährstoffmangel. Nur eine Behebung der Ursache, also Standortverbesserung, bringt nachhaltigen Erfolg. Zusätzlich wird mit Algenkalk und Rasendünger gedüngt.

Verzeichnisse

Bezugsquellen

Bodenuntersuchung für den alternativen Landbau
Dr. Fritz Balzer, Oberer Ellenberg 5, 3551 Amönau
Dr. Volker Rusch, Am Hintersand, 6348 Herborn

Grünspargel
H. Steiner, Römerstraße 297, 4130 Moers

Information zum Vogelschutz
Deutscher Bund für Vogelschutz, Am Hofgarten 4, 5300 Bonn 1, Tel. 02 28-22 14 11

Mischkulturtabelle
(Die ausführliche Tabelle enthält nicht nur Mischkultur-Hinweise sondern auch eine Fülle von Hinweisen zu Kultur, Pflege, Vermehrung und Ernte.)
Wiltrud Gruno, Eigenverlag domusica, Hofwiesenstraße 11, Pommertsweiler, 7083 Abtsgmünd

Nützlinge
W. Neudorff, Postfach 1209, 3254 Emmerthal 1
Bionova, Bachstraße 16, 4190 Kleve
Fachhochschule Weihenstephan, Institut für Gemüsebau, Lange Point, 8050 Freising
und andere

Literatur

Bruns, A. und B., G. Schmidt: Biogarten. Handbuch für den naturgemäßen Gartenbau. Kösel-Verlag, München 1985.
Bund für Umwelt und Naturschutz Deutschland: Praktischer Ratgeber, Anlage von Laichgewässern, Faltblatt.
Bundesverband Naturstein-Industrie, Sonderdruck, 1984.
Büsching, A.: Das Hügelbeet. Seminararbeit an der Fachhochschule Osnabrück, 1990.
Gabriel, I.: Gesunde Pflanzen im Biogarten. Biologische Maßnahmen bei Schädlingsbefall und Pflanzenkrankheiten. Falken Verlag, Niedernhausen/Ts 1984.
Gabriel, I.: Der biologische Zier- und Wohngarten. Planen, Bodenvorbereiten, Bepflanzen, Pflege. Falken Verlag, Niedernhausen/Ts, 1985.
Graber, C. und H. Suter: Schnecken-Regulierung. Eigenverlag des Forschungsinstitutes für biologischen Landbau, CH-Oberwil, Arbeitsgruppe Biogarten, CH-Zollbrück 1985.

Gruno, W.: Mischkulturtabelle. Eigenverlag domusica Abtsgmünd.
Henggeler, S.: Kerngesunde Rosen. Zeitschrift Biogarten.
Henning, E.: Die Bodenfruchtbarkeit im Kleingarten und ihre Erhaltung. T. Marczell Verlag, München.
Henseler, K.: Der Pflanzendoktor für den Hausgarten. Krankheiten und Schädlinge an Obst, Gemüse und Zierpflanzen. BLV Verlagsgesellschaft, München–Wien–Zürich 1986.
Heynitz, K. v. und G. Merckens: Das biologische Gartenbuch. Verlag Eugen Ulmer Stuttgart 1987, 5. Auflage.
Heynitz, K. v.: Kompost im Garten. Verlag Eugen Ulmer, Stuttgart 1988, 3. Auflage.
Howard, M.: Mischkulturen für Flach-und Hügelbeete. BLV Verlagsgesellschaft, München 1985.
Howard, M.: Die Jauchen im Hausgarten. Notiz aus der Schweizer Zeitschrift Z. B.
Jäggli, F., O. J. Furrer und W. Jäggi: Bodenkunde. Verlag Wirz, CH-Aarau 1981.
K. K.: Erdflöhe. Zeitschrift Bioland, Heft 1, 1983.

Keipert, K.: Beerenobst. Verlag Eugen
Ulmer, Stuttgart 1981.
Kemper, K. und U. Arp: Allelopathie von
Gemüsearten im Mischanbau. For-
schungsauftrag des Bundesministeriums
für Ernährung, Landwirtschaft und For-
sten, 1986.
Köhlein, F.: Gartenarbeiten. Verlag Eugen
Ulmer, Stuttgart 1978.
Kraus, F.: Kompost komponieren. Zeit-
schrift Garten-Land
Kreuter, M.-L.: Der Bio-Garten. Gemüse,
Obst und Blumen naturgemäß angebaut.
BLV Verlagsgesellschaft, München–
Wien–Zürich 1981.
Lindner, U.: Unser Hausgarten biologisch
bewirtschaftet. Rheinischer Landwirt-
schaftsverlag, Bonn 1983.
Lindner, W.: Unser Kräutergärtlein. Rheini-
scher Landwirtschaftsverlag, Bonn 1983.
N. N., Zeitungsnotizen aus der Schweizer
Zeitung z. B. des Forschungsinstitutes für
biologischen Landbau, Oberwil. Diverse
Titel.
Steinmehl und Pflanzengesundheit.
    Der Dickmaulrüßler kann biologisch
bekämpft werde.
Mulch, Mist, Kompost.
Hügelbeet.
Brennesseljauche.

Niemeyer-Lüllwitz, A.: Gärtnern mit der
Natur. Eigenverlag des Ministers für Um-
welt, Raumordnung und Landwirtschaft
des Landes Nordrhein-Westfalen, 1986.
Niessner, D.: Natur statt Chemie – Nütz-
linge. Zeitschrift Biogarten, Heft, 9,
1985.
Pfirter, A., A. v. Hirschheydt, P. R. Ott und
H. Vogtmann: Kompostieren. Verlag
Genossenschaft Migros, CH-Aargau/
Solothurn 1985.
Schlaghecken, J.: Düngeplanung im Gemü-
sebau. Broschüre des Landwirtschafts-
amtes Freiburg, 1982.
Schmid, O. und S. Henggeler: Biologischer
Pflanzenschutz im Garten. Verlag Eugen
Ulmer, Stuttgart 1990, 8. Auflage.
Seiffert, Ch. und R. Keller: Düngefibel für
den Garten. Gesunde Pflanzen und ihre
Ernährung. Verlag Ullstein, Frankfurt/
M.–Berlin–Wien 1982.
Seitz, P.: Erwerbsgemüsebau alternativ –
eine Herausforderung. Zeitschrift
Gemüse, Heft 1, 1983.
Snoek, H., 1985: Gesteinsmehle im Garten
und in der Landwirtschaft. Zeitschrift
Garten organisch, Heft 3, 1985.
Stiftung Naturschutz Berlin: Die Ökolaube.
Selbstverlag. Faltblatt.
Voitl, H., E. Guggenberger und J. Willi: Das
große Buch vom biologischen Land- und
Gartenbau. Verlag ORAC, Wien 1980.

Bildquellen

Die Zeichnungen fertigte Marlene Gemke,
Neuried, nach Vorlagen der Verfasserin.

Bauer, R., Braunsbach: Seite 17 (oben)
Bross, B., Neumarkt: Seite 27
Felbinger, A., Leinfelden-Echterdingen:
Seite 37, 89
Lindner, U., Köln: Titelbild, Seite 11, 20,
21, 26, 34, 38, 51, 53, 62, 63, 64, 69, 71, 75,
84, 91, 93, 94, 99, 100, 102, 104, 107, 118,
119, 120, 121, 122, 123
Mierswa, D., Regensburg: Seite 95
Reinhard, H., Heiligenkreuzsteinach: Seite
2, 17 (unten), 29, 50, 52
Rickert, E., Husby: Seite 22, 80
Schauz, A., Geislingen/Steige: Seite 70
Seidl, S., München: Seite 97
Wetterwald, M.-F., Offenburg: Seite 40, 41

Register

Schöne Gartenhäuser und Lauben. Von Helge Köckert. 96 Seiten mit vielen Farbfotos und Zeichnungen. DM 19,80. Anhand von zahlreichen Detailskizzen erfährt der Leser alles Wissenswerte zu ⟶ **Bau und Anlage** von Häusern und Lauben.

Schöne Terrassen und Sitzplätze. Von Traut Graeber und Witta Betz-Schiel. 112 Seiten, viele Farbfotos und Zeichnungen. DM 19,80. Gut geplant wird der Gartensitzplatz bald zum ⟶ **unersetzlichen Wohnraum im Freien.**

Das Jahr im biologischen Gartenbau. Von Rosmarie Eichenberger. 127 Seiten mit Farbfotos und Zeichnungen. DM 14,80. Ein ⟶ **Aussaat- und Arbeitskalender** zur Erzeugung von gesundem Obst und Gemüse.

Kompost im Garten. Von Krafft von Heynitz. 127 Seiten mit vielen Farbfotos und Zeichnungen. DM 14,80. Von den Umsetzungsvorgängen in der Natur ausgehend, spannt sich der Bogen bis hin ⟶ **zu den modernen Hilfen der Kompostbereitung.**

Schöne Gärten ohne Mühe. Von Peter Wirth. 96 Seiten, zahlreiche Farbfotos und Zeichnungen. DM 19,80. Wer seinen Garten ⟶ **geschickt plant und anlegt,** kann die oft lästige, zeitaufwendige und mühsame Gartenarbeit reduzieren oder zumindest gleichmäßiger auf die Jahreszeiten verteilen.

Gärten nach der Natur. Von Erhard Jaekel. 187 Seiten mit vielen Farbfotos, Zeichnungen und Pflanzmodellen. DM 42,–. Eine praktische Anleitung für alle, die auf der Suche nach ⟶ **Alternativen zu den herkömmlichen Gärten** sind.

Teiche und Tümpel im Garten. Von Lothar Seegers. 128 Seiten, Farbfotos und Zeichnungen. DM 14,80. Das Buch beschreibt die ⟶ **Anlage von Naturteichen oder naturnahen Teichen,** die möglichst vielen Lebewesen einen geeigneten Lebensraum bieten sollen.

Schöne Naturgärten. Von Jürgen Kleeberg. 112 Seiten mit vielen Farbfotos, Plänen und Zeichnungen. DM 19,80. Der Gartenfreund wird auf verschiedenen Wegen hin zu einem ⟶ **an die umgebende Landschaft angepaßten Garten** geführt.

Erhältlich in Ihrer Buch(Fach)handlung oder beim **Verlag Eugen Ulmer** Postfach 70 05 61, 7 Stuttgart 70

VERLAG EUGEN ULMER